Marko Pogačnik

DIE URKRAFT IM KERN DES MENSCHLICHEN HERZENS

Marko Pogačnik
UNESCO Künstler für den Frieden

Die Urkraft im Kern des menschlichen Herzens

Bücher haben feste Preise.
1. Auflage 2022

Marko Pogačnik
Die Urkraft im Kern des menschlichen Herzens

Redaktion:
Farah Lenser

Umschlag:
Foto: Bojan Brecelj
Gestaltung: Dragon Design, GB

Satz und Gestaltung:
Dragon Design, GB
Gesetzt aus der Minion

Gesamtherstellung: Appel & Klinger, Schneckenlohe
Printed in Germany

ISBN 978-3-89060-825-9

Neue Erde GmbH
Cecilienstr. 29 · 66111 Saarbrücken
Deutschland · Planet Erde
www.neue-erde.de

Inhalt

Motto

Erschaue und erlausche,
um dich,
mit deinem Herzen.
Erlaube es dir,
neu zu entdecken,
mit mir,
geliebtes Menschenwesen.

*(Botschaft von Gaia empfangen
durch Andrea Roßlan-Brandt)*

EINLEITUNG

Mit diesem Buch möchte ich die Hoffnung stärken, dass wir mit der erwachten Kernkraft des menschlichen Herzens in der Lage sein werden, gemeinsam genügend Liebeskraft anzusammeln, um die bedrohlichen Umstände unserer Zeitepoche zu bewältigen.

Angesichts des Krieges gegen das Leben der Erde, die Menschheit eingeschlossen, ein Krieg, der ständig wechselnde Masken anlegt, wurde mir ein umfangreiches Herz- und Liebessystem der Erde und der Menschheit ins Ohr geflüstert; zum Teil habe ich es durch Träume empfangen. Ende Januar dieses Jahres, kurz bevor die weltweite Pandemie in einen herzlosen Krieg umschlug, fing ich an, die Liebessphäre der Erde und die Liebesfelder, die zwischen ihren Wesenheiten pulsieren, zu beschreiben. Als ich mich danach den Liebespotentialen der Menschen zuwandte, entdeckte ich voll freudiger Überraschung, was für wundersame Schätze das menschliche Wesen in seiner Brust trägt, die zum Frieden und zur Schönheit des Lebens auf Erden beitragen können. Mit diesem Buch möchte ich diese Liebesschätze beschreiben und uns allen bewusstmachen. Dazu habe ich einige Übungen entwickelt, die beim Erwachen der Herzpotentiale hilfreich sein können.

Šempas am 11.März 2022, Marko Pogačnik

Kapitel 1
Die Umwandlung der Erde und des Menschen ist im vollen Gange

Während wir die Schwelle zum dritten Jahrtausend unserer Zeitrechnung überschreiten, bewegt sich die menschliche Familie durch einen schwierigen Engpass. Einerseits sind wir Opfer einer Zivilisation, die der Logik des mechanistischen Verstandes folgt und uns in kybernetische Diener unserer eigenen Konzepte zu verwandeln droht. Andererseits empfinden wir uns ohnmächtig angesichts der sogenannten Klimaveränderungen, die die Lebensbedingungen und Lebenssysteme der Erde zerstören könnten. Was geschieht eigentlich mit unserem Heimatplaneten und welche Rolle spielt dabei unser Herz, dieses unermüdlich schlagende Organ, das als Symbol für die allverbindende Liebe steht?

Bevor wir näher auf die Kernkraft des menschlichen Herzens eingehen, möchte ich kurz über meine Erfahrungen bezüglich der aktuellen Prozesse des Erdplaneten sprechen. Anstatt von »Klimawandel« rede ich seit mehr als zwei Jahrzehnten unermüdlich von einem optimistisch anmutenden Erdwandlungsprozess.

Mit dem Begriff der Erdwandlung bezeichne ich einen teilweise unsichtbaren Prozess, dessen Phänomene ich seit Spätherbst 1997 beobachte. Es geht darum, dass die Erde als ein mit dem elementaren Bewusstsein durchdrungener Planet ihre Gestalt in den subtilen Bereichen ihres planetaren Körpers schrittweise und unmerklich, aber bewusst wandelt. Dadurch entsteht ein mehrdimensionaler Erdraum, der die uns vertraute Existenz der dreidimensionalen Wirklichkeit nicht auslöscht, sondern in eine neue und weitergefasste Raumkomposition einbezieht.

Diese neue Raumkomposition ist aus materialisierten, aber auch aus unsichtbaren vital-energetischen, elementaren und geistigen Raumdimensionen zusammengeflochten: ein Phänomen, das ich bei unzähligen

Werkstätten, die ich in Natur- und Stadtlandschaften durchgeführt habe, beobachten durfte. Bei dieser Arbeit steht die Wahrnehmung der subtilen Ebenen der Natur und die Wandlungsprozesse der Erde im Vordergrund.

Unser planetarisches Haus befindet sich im Umbau

Der sogenannte Klimawandel stellt die Schattenseite des Erdwandlungsprozesses dar. Wir können davon ausgehen, dass die Entwicklungen im Kosmos einem zyklischen Prinzip folgen. Damit etwas Neues entstehen kann – in unserem Falle ein mehrdimensionaler Erdkörper – wird abgebaut, was die Entwicklung hemmt oder blockiert. Das Hemmende sollten wir aber nicht der Erdintelligenz und ihrer Schöpfung zuschreiben, sondern dem menschlichen Verstand mit seinen verengten mentalen Vorstellungen, die unentwegt von noch nicht erwachten Menschen auf den Erdkörper projiziert werden und die seine seit jeher bestehende Mehrdimensionalität verleugnen. Stellt euch vor, welche Folgen es hat, wenn Millionen oder sogar Milliarden von Menschen sich fortwährend das Bild der Erde als eine materialisierte Kugel vorstellen und es auf die Erde projizieren.

Am Karfreitag des Jahres 2021 empfing ich den folgenden Traum, der die Tragik der eng versiegelten Erdgestalt illustriert:

Ich sehe einen sich im All bewegenden Riesen. Neben ihm erkenne ich die Erde, so, wie sie oft von Astronauten beschrieben wird – als wunderschöne von Leben gezierte Kugel. Der Riese umfasst die Erdkugel mit beiden Händen, und in dem Moment fällt mir auf, dass sie eigentlich eine mit Ölfarben bemalte Betonkugel ist. Er hebt sie hoch und wirft sie auf den Boden. Sie zerbricht in tausend Splitter, von denen jeder einzelne im gleichen Moment eine schön abgerundete kugelige Form annimmt.

Noch in derselben Nacht folgt ein zweiter Traum:

In diesem beobachte ich als Träumer die Schüler einer achten Klasse, die sich draußen in der Natur befinden und in einem Wettbewerb bestimmte Aufgaben erledigen müssen. Ich bin einer der Schüler und knie gerade vor

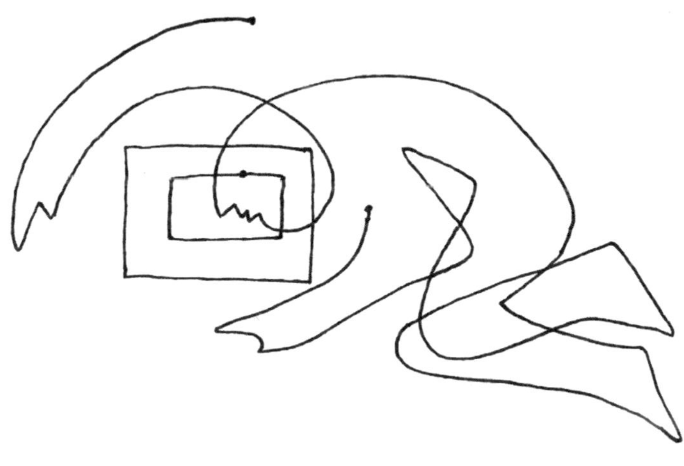

Aufgrund der erhöhten Schwingungsebene passt der Kopf nicht mehr durch die Steinöffnung.

einem flachen Stein, der aufrecht in den Boden eingelassen ist und in den eine längliche viereckige Öffnung eingemeißelt ist. Die Aufgabe besteht darin, den Kopf durch die Öffnung zu stecken. Ich versuche es, aber die Öffnung ist zu eng. Trotz wiederholter Versuche gelingt es mir nicht. Ich bin irritiert. Erst kurz zuvor stand ich vor der gleichen Aufgabe und konnte sie leicht meistern. Wieso geht es diesmal nicht? Ich werde wütend und will meine Steinmetzwerkzeuge holen, um die Öffnung zu erweitern. Ich laufe zur Lehrerin, um sie zu fragen, ob das Durchstecken des Kopfes durch die Steinöffnung obligatorisch ist …

Die beiden Träume sprechen zusammengenommen den gegenwärtigen Erdwandlungsprozess an. Der erste Traum mit der Erde als einer bemalten Betonkugel lässt uns wissen, dass der Planet so dicht von menschlichen Konzepten, Kraftmustern und Ansiedlungsprojekten umzingelt ist, dass seine Lebendigkeit keine Chance hat, langfristig zu bestehen. Deshalb hat Gaia bestimmte Abbau- und Wandlungsprozesse in Gang gesetzt, um der erneuerten mehrdimensionalen Gestalt der Erde Raum zu geben.

Der Traum vom Stein mit der engen Öffnung bezieht sich auf den komplementären Prozess, der im Innern des Menschen abläuft beziehungsweise ablaufen sollte. Dabei handelt es sich um die Erneuerung der menschlichen Sensibilität, deren Weiterentwicklung jedoch durch die überdimensionierten mentalen Konzepte gehemmt wird – im Traum symbolisiert durch den zu dicken Kopf. Um die Phänomene der Erdwandlung wahrzunehmen und mit den Wandlungen mitzukommen, müssen wir zuerst unsere feinen Gefühlsorgane erwecken und liebevolle Beziehungen zu den elementaren und geistigen Ausdehnungen des irdischen Universums entwickeln.

Die Tragik der Erdwandlung besteht nun darin, dass die Menschen zwar reichlich mit den erschütternden Nachrichten zum Klimawandel überhäuft werden, ihnen jedoch verschwiegen wird, dass auch die aufbauenden und erfreulichen Vorgänge der Erdwandlung bereits im vollen Gange sind. Diese spielen sich auf den subtilen Ebenen der Erde ab, doch gibt es für die Menschen heutzutage wenig Möglichkeiten, ihre eigene Feinfühligkeit zu schulen, um die Wahrnehmungen auf den subtilen Ebenen der Wirklichkeit zu erfahren, zu verstehen und in ihr eigenes

Weltbild zu integrieren. Wir sollten dafür sorgen, dass dies in jeder Grundschule als Hauptfach gelehrt wird.

Das entführte Liebesprinzip

Die Aktivierung der unglaublichen Wandlungspotentiale der Liebe kann uns nur dann gelingen, wenn wir zuvor gewisse Hürden abräumen, die den Zugang zu den neuen Ausdehnungen des menschlichen Herzsystems verdecken. Ein Traum, den ich erst kürzlich während meines nächtlichen Schlafs erhielt, kann uns helfen, die Grundlage dieser Hürden zu erkennen.

Ich befinde mich in einem relativ kleinen abgerundeten Raum, den ich später mit meinem Brustkorb assoziiere. Der Raum ist so eng, dass ich nur gebückt darin sitzen kann. Dabei spüre ich den inneren Drang, dort etwas aufräumen. Doch wenn ich mich umschaue, sieht der Raum vollkommen leer aus. Da gibt es nichts zu tun. Nur zwei oder drei völlig vertrocknete Baumblätter liegen am Boden.

Als ich aber meinen Blick nach oben richte, sehe ich oberhalb des Brustkorbs meinen Kopf in einem strahlend weißen Licht. Die Strahlung ist so stark wie die der Sonne. Wegen des grell weißen Lichts scheint der Kopf sogar stärker als die Sonne zu strahlen.

Die Botschaft des Traums ist sofort erkennbar: Wir sehen hier den ausgeprägten Gegensatz zwischen der scheinbaren Leere des Brustkorbs – dem angestammten Raum des Herzens – und der offensichtlichen Übermacht des Kopfes. Ohne viel über das Traumbild nachzugrübeln, erkennen wir gleich, dass es bei dieser Symbolik um das Verhältnis der Verstandeslogik des modernen Menschen zur Gefühlslogik seines Herzens geht. In diesem Traumbild scheint der Verstand dem Herzen weit überlegen zu sein. Doch ist das schon alles? Wie wir wissen, werden Traumbilder oft von Gefühlen begleitet. In diesem Fall hatte ich beim Anblick des strahlenden Kopfes das klare Gefühl, dass es sich hier um einen gezielten Kraftraub handelt. Dem Traumbild nach ist das im Brustkorb schlagende Herz zum Opfer dieses Raubes geworden.

Der Kopf strahlt im Licht, doch der Herzraum ist leer.

Den Traum empfing ich genau zwei Jahre nachdem die sogenannte Covid-19 Pandemie ihren verheerenden Marsch durch die gesamte Menschenfamilie gestartet hatte – und kurz bevor ich selber die Covid-Erkrankung durchmachen sollte. Es ist wohl bekannt, dass diese Erkrankung den Herz-Brustraum in Beschlag nimmt, und viele Patienten ohne künstliche Beatmung nicht auskommen.

Eine Schlussfolgerung könnte sein, dass es sich bei der Covid-Pandemie – neben anderen Gründen – möglicherweise um einen Versuch handelt, die Menschen ihrer Liebesfähigkeit zu berauben, um die Kraft des Verstandes grenzenlos aufzuputschen. Welchem Zweck könnte eine übertriebene Herrschaft des Verstandes über die Kraft der Herzensliebe dienen? Wie könnten wir uns die Entführung der Liebesfähigkeit beim modernen Menschen vorstellen? Die Antwort auf diese Frage ist in einem zweiten Traum zu finden, den ich kurz vor meiner Erkrankung geträumt habe.

Schon seit Urzeiten wird die Fähigkeit unseres Bewusstseins, von der alltäglichen Bewusstseinsebene auf eine höhere Ebene aufzusteigen, mit dem Symbol einer Leiter dargestellt. Auf dieser Ebene fühlt sich das menschliche Wesen in die Ganzheit und die Gemeinschaft alles Lebenden einbezogen, und meines Erachtens ist dies auch die Ebene, wo die Liebesbeziehungen auf Erden und im Universum zusammenlaufen. In der Bibel wird diese Leiter aufgrund der Vision des biblischen Propheten Jakobus auch »Jakobsleiter« genannt, auf der Engel vom Himmel herunter zur Erde und wieder hinauf steigen.

Ich habe es mir zur Gewohnheit gemacht, eine Leiter hochzusteigen, wenn ich mich ganzheitlich einstimmen will. Aber dieses Mal finde ich die zum Aufstieg benötigte Leiter nicht. Irritiert laufe ich um das Haus herum und rufe ganz laut nach meiner Mutter, um sie nach der Leiter zu fragen. Sie ist jedoch nicht zu finden und hört meinen Ruf nicht.

Letztendlich entdecke ich statt der gewohnten Leiter eine neue Art von Aufzug. Dieser sieht technisch hochentwickelt aus und ist mit Hilfe von gespannten Seilen und scheinbar nutzlosen Rädern zusammengebastelt. Da ich keine andere Möglichkeit sehe, nach oben zu kommen, entscheide ich mich, diese Ersatzleiter zu benutzen. Als ich aber beginne, darauf nach oben zu klettern, gerät mein Körper bedrohlich ins Schwanken, weil mein ganzes

Gewicht auf den Seilen schaukelt. Hier gibt es keinen festen Halt, wie ich es von herkömmlichen Leitern her gewohnt bin.

Nur mit größter Mühe gelange ich auf die gewünschte Bewusstseinsebene, wo sich schon andere Menschen aufhalten, von denen ich durch eine breite Wand getrennt bin. Sie gleicht einem Vorhang aus mehreren Schichten mit dünnen Stahlringen, von denen Beutel herabhängen, die mit Waren aus dem Supermarkt gefüllt sind. Ich brauche meine ganze Kraft, um mich durch diese Beutel hindurchzuboxen.

Endlich bin ich bei der Gruppe von Menschen auf der anderen Seite angelangt. Dort stelle ich mit Erstaunen fest, dass die Leute entspannt auf wolkenähnlichen Sitzbeuteln liegen oder sitzen und einem mir unbekannten Lehrer zuhören. Er hält eine Rede, die von allgemein bekannten und durchgekauten »Weisheiten« nur so strotzt. Empört richte ich mich auf und sage mit voller Stimme: »Nun sind wir so weit, uns unseren gemeinsamen Aufgaben zu widmen!« Doch niemand hört mir zu. Es ist, als wäre ich gar nicht anwesend.

Wenn ich die beiden Träume zusammennehme, höre ich die Botschaft, dass wir als Menschheit an der Schwelle zum dritten Jahrtausend mit dem Versuch konfrontiert sind, unsere Herzenspotentiale zum Schweigen zu bringen, sie vielleicht sogar als Liebesquelle auszuschalten und sie durch einen überdimensionierten Megaverstand zu ersetzen – so der erste Traum. Der Traum mit der verschwundenen Leiter erläutert den Vorgang, wie dieses unerfreuliche Ziel erreicht werden soll.

Als erstes wird der Zugang zu einer höheren Bewusstseinsebene, der im menschlichen Gedächtnis verankert ist, blockiert, einen Weg, den uns Gaia als Schöpferin des irdischen Kosmos zur Verfügung gestellt hat, damit wir kreative und liebevolle Beziehungen untereinander und zur Mitwelt entwickeln können. Praktisch geschieht dies unter anderem durch einschüchternde Maßnahmen, wie sie zum Beispiel als Reaktion auf die Gefahren der Pandemie eingeführt wurden. Doch Angstmachen hat sich noch nie als heilende Maßnahme im menschlichen Beziehungsnetzwerk erwiesen.

Im zweiten Schritt wird an bestimmten Aufstiegstechniken gebastelt, die den menschlichen Verstand auf eine Ebene heben sollen, die durch

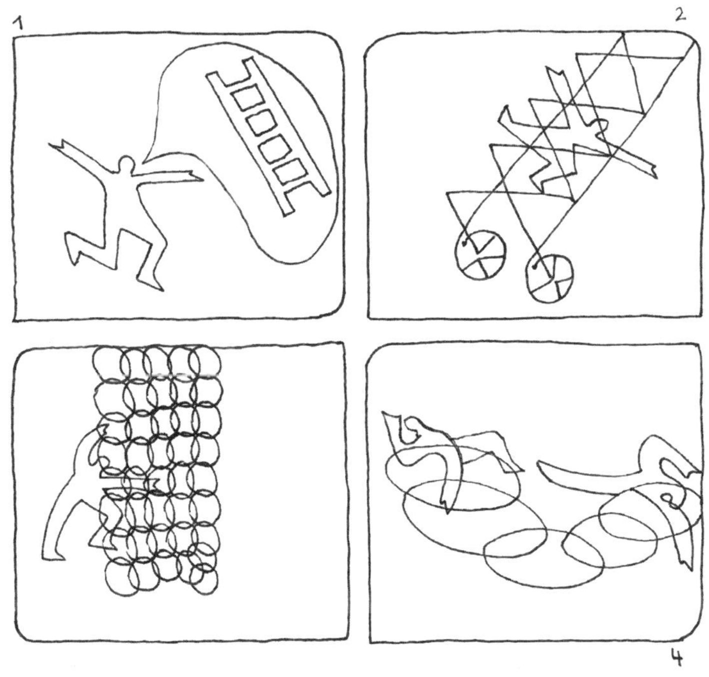

Die Geschichte mit der Ersatzleiter

ihr starkes, mental erzeugtes Licht scheinbar die Herzenskraft weit übertrifft. Dabei wird verschwiegen, dass es sich um eine Lichtstärke handelt, die weder geerdet noch an die kosmischen Quellen angebunden ist und die deshalb auch keinen Einfluss auf die Weiterentwicklung des menschlichen Wesens und des Erdplaneten haben kann.

Die Tragik der fehlenden herzfundierten zwischenmenschlichen und gesellschaftlichen Beziehungen wird im Traum durch den breiten Vorhang mit den Beuteln voller Supermarktwaren dargestellt. Wenn wir entlang der neuen Leiter auf die scheinbar »höhere« Bewusstseinsebene steigen, landen wir in einem chaotischen Überfluss von Gegenständen, die den Durst des Menschen nach Wahrheit, Liebe und Freiheit keineswegs sättigen können.

Die letzte Sequenz des Traums führt uns zu der Erkenntnis, dass trotz der supermodernen Einrichtungen, die auf die vermeintlich höhere Ebene der Menschheitsentwicklung führen, wir in Wahrheit auf eine schon längst überholte Ebene des egozentrischen Daseins zurückkatapultiert werden sollen. Da fehlt jede Spur von schöpferischer Kraft und Enthusiasmus oder dem Willen, die Beziehungen zur Erde und ihren sichtbaren wie unsichtbaren Wesenheiten auf einer tieferen Ebene wahrzunehmen, um eine neue liebevolle Gemeinschaft von Erde, Mensch und Kosmos zu begründen.

Doch jetzt haben wir genug von den Schattenseiten geredet, die uns davon abhalten wollen, uns dem mehrdimensionalen Herzsystem der Erde und der Menschen voll zu widmen. Als Übergang zur lichtvollen und hoffnungsfrohen Seite möchte ich meine Auslegung der Erzählung des Grimm'schen Märchens von Rapunzel darlegen, das verschiedene, aufeinander folgende Phasen des Liebesprozesses anspricht.

Kapitel 2
Die Geschichte der Liebesentfaltung

erzählt nach dem Grimm'schen Märchen von Rapunzel

Märchen können in ihrer bildhaften Sprache vermitteln, was uns Menschen bewegt und welche Kräfte am Werk sind, wenn wir nach Zugängen zu den verschollenen Ausdehnungen des irdischen Kosmos suchen. Märchen wurden über Jahrhunderte von Mund zu Mund überliefert und von den kulturellen Vorstellungen verschiedener Völker geprägt. Oft enthalten sie einen unterirdischen Strom von Wissen, das in den Zeiten ihrer Entstehung von den damals vorherrschenden Kulturregeln oder religiösen Dogmen als ketzerisch angesehen und unterdrückt wurde. Das gilt auch für die Märchen der Gebrüder Grimm, die an der Schwelle zur Neuzeit die Erzählungen aufschrieben, die der Volksmund jahrhundertelang überliefert hatte. Ich selbst entdeckte diese Märchen wieder neu, als ich vor nicht allzu langer Zeit ein Buch in slowenischer Sprache mit dem Titel »Grimm'sche Märchen für Erwachsene« verfasste. In dem Märchen über Rapunzel fand ich Urbilder wieder, die die verschiedenen Phasen des Liebesprozesses beschreiben.

Phase Eins: sich verlieben

> Es waren einmal eine Frau und ein Mann, die wünschten sich schon lange vergeblich ein Kind. Unerwartet kam die Hoffnung auf, dass ihr Wunsch sich erfüllen könnte. In ihrem Hinterhaus gab es ein kleines Fenster mit Blick auf den prächtigen Garten der Nachbarin, der voll der schönsten Blumen, Kräuter und Gemüse stand. Er war aber von einer hohen Mauer umgeben, und niemand wagte hineinzugehen, weil er einer Zauberfrau gehörte, einer Zauberin mit besonderen Mächten. Sie wurde von aller Welt gefürchtet.

Wir wollen hier hervorheben, dass sich der Wundergarten an der Rückseite des Hauses befindet, auf den wir nur durch ein kleines Fenster schauen können. Wenn wir davon ausgehen, dass dieses Märchen uns ein besonderes Geheimnis des menschlichen Seins enthüllen möchte, können wir annehmen, dass uns die Symbolik des kleinen Fensters mit dem Raum verbinden möchte, der sich hinter dem menschlichen Rücken befindet. Mit unseren Augen können wir nur die verkörperte Welt vor uns sehen, deshalb steht der Raum hinter unserem Rücken symbolisch für die unsichtbaren Dimensionen der Erde, des Universums und der Menschheit. Es ist hier also von der kausalen Welt die Rede, wo Archetypen oder auch Prototypen bewahrt werden, die die Art und Weise bestimmen, wie die alltägliche oder verkörperte Welt sich ausgestaltet und wie sie funktioniert.

Der magische Garten ist ein großartiges Sinnbild dieser kausalen Raumdimension: Die Beete mit verschiedenen Gemüsesorten, Kräutern und Blumen können als einzelne Urmuster oder Matrizen verstanden werden, in denen bestimmte Werte und Kräfte verankert und geordnet werden, die in der nächsten Phase einen entscheidenden Einfluss auf die Beschaffenheit und Bewegung der Welt haben, in der wir leben.

> Eines Tages stand die Frau an diesem Fenster und sah in den fremden Garten hinab, da erblickte sie ein Beet, das mit den schönsten Rapunzeln bepflanzt war. Und sie sahen so frisch und grün aus, dass sie ein unwiderstehliches Verlangen verspürte, die Rapunzeln zu essen. Das Verlangen nahm jeden Tag zu, und weil sie wusste, dass sie keine Rapunzeln bekommen konnte, so wurde sie davon ganz ausgezehrt, sie wurde immer blasser und erschöpfter.

Das Verlangen der Frau beim Anblick der grünen Rapunzeln bedeutet, dass sie im kausalen Hintergrund der verkörperten Welt ein Urmuster oder eine Matrix von etwas entdeckt hat, das in ihrer menschlichen Welt noch nicht oder selten existiert. Etwas, was jedes menschliche Wesen erfahren oder verkörpern möchte; daher kommt ihr unvermeidliches Verlangen, eine Handvoll Rapunzeln zu probieren.

Kann uns die Rapunzel mit ihrem natürlichen Erscheinungsbild, mit ihrer Form und Farbe, etwas über das entdeckte Urmuster erzählen? Die Rapunzel ist eine der wenigen Salatsorten, die frei in der Natur wachsen, und sie ist äußerst schmackhaft. Als ich noch ein kleiner Junge war, kam

Der Blick durch das Fenster am Rücken des Körpers

einmal in der Woche eine dürre alte Frau zu unserem Haus, um meiner Mutter ein Schälchen Rapunzeln zu verkaufen, die sie auf den Feldern gesammelt hatte.

Die Rapunzel hat die Form einer Rosette mit Blättern, die um einen Kern tanzen. Sie ähnelt damit den Darstellungen der Chakren, den aus der indischen Yogatradition bekannten vitalenergetischen Zentren des menschlichen Körpers. Mit der saftig grünen Farbe kann sie nichts anderes symbolisieren als das Herzzentrum, das normalerweise als grün wahrgenommen wird.

> Da erschrak ihr Mann und fragte: »Was fehlt dir, liebe Frau?« »Ach«, antwortete sie, »wenn ich keine Rapunzeln aus dem Garten hinter unserem Haus zu essen bekomme, so sterbe ich.«

Die für uns wichtige Botschaft der ersten Phase des Märchens besagt, dass die Liebe schon vor ihrem Erscheinen im manifesten Leben als Urkraft auf der kausalen (urbildlichen) Ebene des Universums schwingt. Die Liebe ist zunächst eine kosmische Matrix, die der menschliche Wille nicht einfach inszenieren kann. Die Liebe wird uns zuteil durch einen vom menschlichen Verstand nicht zu kontrollierenden Vorgang, der der Inspiration des künstlerischen Schaffens gleichkommt.

Wer sich schon einmal unsterblich in eine Frau oder einen Mann verliebt hat, der oder die weiß, dass die Liebe uns trifft wie der Pfeil des Eros, ohne dass wir uns davor schützen könnten. An dem unstillbaren Verlangen der Frau nach der Rapunzel können wir erkennen, dass sie eher sterben würde, als auf die Möglichkeit der Verwirklichung der Liebesinspiration in ihrem Leben zu verzichten.

> Da der Mann fürchtet, seine Frau könnte sterben, entscheidet er sich, in der Nacht über den hohen Zaun zu steigen und ihr eine Handvoll Rapunzeln zu bringen. Aber nachdem diese von der Urkraft der Liebe gekostet hat, wird ihr Verlangen nach der süßen Schwingung um so stärker, und der Mann muss in der nächsten Nacht nochmals über den Zaun steigen. Doch dieses Mal wird er von der Zauberin ertappt, die die kausale Ebene der Lebensprozesse hütet.

Zuallererst sollten wir die Zauberin, die in manchen Versionen des Märchens auch als Hexe bezeichnet wird, von dem Fluch befreien, der dieser Benennung anhaftet. Denn im Grunde leitet sich das Wort Zauberin von Wörtern ab wie Zauber, zauberhaft oder Verzauberung, die an sich gar keine negative Konnotation enthalten. Sie bezeichnen nicht nur die menschliche Kreativität, sondern bringen auch die Aktivität anderer Wesen zum Ausdruck, die über logisch wahrnehmbare und erklärbare Handlungen hinausreicht.

In diesem Sinne kann die Zauberin aus dem Zaubergarten als Hüterin der kausalen Welt und ihrer Archetypen und Kräfte verstanden werden. Wenn Menschen auf der Suche nach wissenschaftlicher Erkenntnis grenzenlos in die Kausalwelten eindringen dürften, könnten sie durch unverantwortliches und unbewusstes Handeln die verkörperte Welt und ihre Wesen entstellen. Leider werden diese Grenzen bereits durch die Manipulation menschlicher DNA, durch die missbräuchliche Nutzung der Atomkraft, der genetischen Manipulation von Pflanzen und dergleichen überschritten und verletzt.

In der Zauberfrau erkenne ich Gaia, die Schöpferin und Bewahrerin des Erduniversums, die sich als weise Lehrerin der Menschheit offenbart und den Weg zur Kraft des Herzens kennt. Im weiteren Verlauf der Geschichte führt sie die Menschen auf dem Weg der menschlichen Erkenntnis von einer Station zur nächsten, um ihnen ihre eigenen Herzenskräfte und Herzensqualitäten zu enthüllen.

> Die Zauberin gestattet dem Mann so viel von den Rapunzeln mitzunehmen, wie er möchte, doch nur unter der Bedingung, dass er ihr das Kind bringt, das seine Frau zur Welt bringen wird. Aus Angst vor der Zauberin gibt der Mann sein Versprechen. Bald darauf gebiert seine Frau ein Mädchen. Gleich nach der Geburt erscheint die Zauberin, gibt dem Kind den Namen Rapunzel und nimmt es mit sich fort.

Phase Zwei: Verinnerlichung der Liebesqualität

> Rapunzel wurde das schönste Kind unter der Sonne. Als es zwölf Jahre alt war, schloss es die Zauberin in einen Turm, der weder Treppe

> noch Tür hatte und in einem fernen Wald lag. Nur ganz oben befand sich ein kleines Fensterchen. Wenn die Zauberin in den Turm hineinwollte, stellte sie sich unten hin, und rief: »Rapunzel, Rapunzel, lass mir dein Haar herunter.«
>
> Rapunzel hatte lange prächtige Haare, fein wie gesponnenes Gold. Wenn sie die Stimme der Zauberin vernahm, band sie ihre Zöpfe los, wickelte sie oben um einen Fensterhaken, und dann fielen die Haare zwanzig Ellen tief herunter, und die Zauberin stieg daran hinauf.

Wie bereits angedeutet, macht uns das Märchen von Rapunzel mit den verschiedenen Aspekten der menschlichen Beziehung zur Kraft der Liebe und ihren allumfassenden Werten vertraut. In der ersten Phase wird die Liebe als eine Inspiration der kausalen Ebene des Kosmos erfahren.

Im einsamen Turm sind wir bereits an der zweiten Station auf dem Weg der Menschen zu den Geheimnissen ihres eigenen Herzsystems angelangt. Rapunzel erfährt die Geheimnisse des Herzens nicht von ihrer Mutter – also nicht in der Sphäre der menschlichen Familie –, sondern bei der zaubernden Gaia. Der einsame Turm mitten im Wald bezeichnet eine Station auf dem Weg zum Herzen, wo die Erde, personifiziert durch Gaia und ihr elementares Bewusstsein, selbst als Lehrerin der Liebesgesetze auftritt. Die Schule des Herzens befindet sich jetzt auf dem elementaren Niveau der natürlichen Umgebung und wird symbolisch verbunden mit dem goldenen Zopf, der für mich die menschliche Wirbelsäule repräsentiert, entlang derer die Lebens- und Liebeskräfte fließen. Jedes Mal, wenn die Zauberin entlang des goldenen Zopfes zum Fenster des Herzens hinaufklettert, wird damit symbolisch kommuniziert, dass die elementare Liebe aus der Schatzkammer des Erdherzens über unser Rückgrat zum menschlichen Herzen aufsteigt, und von dort aus unsere Liebe zur ganzen Daseinswelt inspiriert.

Leider hat der moderne Mensch die Beziehung zur Liebe und Weisheit der elementaren Dimensionen der Erde fast vollständig vergessen. Deshalb ist die Kraft der menschlichen Liebe nicht stark genug, um den Egoismus und die Selbstbezogenheit sowohl in säkularer als auch in spiritueller Hinsicht zu überwinden. Liebe fließt zwar im engen Kreis der eigenen Familie oder der religiösen oder ethnischen Gemeinschaft, doch alle anderen Mitmenschen oder Wesen anderer Spezies, die diesen Kriterien nicht entsprechen, erhalten keine Liebe, sondern eher das Gegenteil in Form von Feindseligkeit oder sogar Hass.

Die Urkraft der Liebe existiert zwar im Menschen, wird aber zuallererst als ein innerer Prozess erlebt.

Phase Drei: Liebesbeziehung

Nach ein paar Jahren trug es sich zu, dass der Sohn des Königs durch den Wald ritt und den ihm unbekannten Turm bemerkte. Da hörte er aus dem einzigen Fensterchen einen Gesang, der war so lieblich, dass er stillhielt und horchte. Das war Rapunzel, die in ihrer Einsamkeit sich die Zeit mit Singen vertrieb. Der Königssohn wollte zu ihr hinaufsteigen und suchte nach einer Tür des Turms, aber es war keine zu finden. Er ritt heim, doch der Gesang hatte ihm so sehr das Herz gerührt, dass er jeden Tag hinaus in den Wald ging und zuhörte.

Als der Prinz einmal so hinter einem Baum stand, sah er, dass eine Zauberin herankam, und hörte, wie sie hinaufrief: »Rapunzel, Rapunzel, lass dein Haar herunter!« Da erkannte er das Geheimnis, wie es möglich sein konnte, zu der Sängerin im Turm aufzusteigen. Er wiederholte den Ruf der Zauberin, und im nächsten Moment fielen die Zöpfe und der Königssohn stieg hinauf.

Anfangs erschrak Rapunzel gewaltig, aber letztendlich haben sie Freundschaft geschlossen und sogar entschieden zu heiraten. Sie verabredeten, dass er jeden Abend zu ihr kommen und jedes Mal einen Strang Seide mitbringen sollte, damit Rapunzel daraus eine Leiter flechten und endlich selbst vom Turm auf den festen Boden heruntersteigen könnte.

Es soll darauf hingewiesen werden, dass ein König, ein Prinz oder eine Königin in Grimms Märchen üblicherweise die Dimensionen repräsentieren, die als »kosmisch« bezeichnet werden können. Damit meine ich nicht, dass sie unbedingt aus dem Weltraum stammen müssten, sondern ich denke dabei an Dimensionen, die über jede menschliche Wahrnehmungsfähigkeit hinausgehen: Sie sind allumfassend. Bei der Begegnung zwischen Rapunzel als Adoptivtochter von Gaia und dem Prinzen geht es um eine Begegnung und Verbindung zwischen der elementaren Kraft der Liebe und der Liebe als einer kosmischen Kraft, die von Ewigkeit zu Ewigkeit durch die ganze Schöpfung fließt.

Auf dieser Ebene der Erkenntnis der wahren Werte des Herzens beginnt sich die elementare Kraft der Liebe im Menschen mit der engelhaften Dimension des Herzens zu verbinden, die in der Lage ist, das universelle Ganze in harmonischer Bewegung und Kreativität zu halten. In der Geschichte von Rapunzel erleben sich Frau und Mann als repräsentativ für die beiden Quellen der Liebe und planen als gleichberechtigte Partner den gemeinsamen Abstieg zur Erde.

Die Verkörperung ihrer bereits verbundenen Beziehung, das Zusammenleben auf der verkörperten Ebene der Wirklichkeit, steht allerdings noch aus, deshalb ihr Plan für eine seidene Leiter.

Vorerst ist ihre Beziehung noch geheim, was bedeutet, dass sie als innerer Prozess stattfindet. Rapunzel ist schwanger, aber wie kann sie das von ihr erwartete Kind in einem Turm bekommen, zu dem es keine Tür gibt, und ohne die helfenden Hände, die eine Mutterschaft erfordert?

Phase Vier: Gang durch den Wandlungsprozess

> So lebten sie lustig und in Freuden eine geraume Zeit. Die Zauberin kam nicht dahinter, bis eines Tages das Rapunzel anfing und zu ihr sagte:
>
> »Sag sie mir doch, liebe Frau, meine Kleidchen werden mir so eng und wollen nicht mehr passen.«
>
> »Ach du gottloses Kind«, sprach die Zauberin, »was muss ich von dir hören!«
>
> In ihrem Zorn packte die Zauberin die schönen Haare von Rapunzel, schlug sie ein-, zweimal um ihre linke Hand, griff eine Schere mit der rechten, und ritsch, ratsch, waren sie abgeschnitten und die schönen Flechten lagen auf der Erde. Und sie war so unbarmherzig, dass sie die arme Rapunzel in eine einsame Hütte mitten im Wald brachte, wo sie in großem Jammer und Elend leben musste.
>
> Denselben Tag aber, da sie Rapunzel verstoßen hatte, machte abends die Zauberin die abgeschnittenen Flechten oben am Fensterhaken

fest, und als der Königssohn kam und rief: »Rapunzel, Rapunzel, lass dein Haar herunter«, ließ sie die Haare hinab.

Der Königssohn stieg hinauf, aber er fand oben nicht seine liebste Rapunzel, sondern die Zauberin, die ihn mit so einem giftigen Blick ansah, dass er sich in seiner Verzweiflung vom Turm in die Tiefe warf. Die Dornen, in die er fiel, zerstachen ihm die Augen. Da irrte er blind im Wald umher, aß nichts als Wurzeln und Beeren, und tat nichts als jammern und weinen über den Verlust seiner liebsten Frau.

Es scheint so, als ob die beiden Opfer einer bösen und unbarmherzigen Zauberin geworden seien. In Wirklichkeit aber stehen sie vor einem oft schmerzhaften Wandlungsprozess, den ein menschliches Wesen als Mitglied einer Kultur, die Liebe meistens nur oberflächlich kennt, durchstehen muss, wenn es den wahren Wert und die Kraft der Liebe im Alltag verkörpern will. Dies ist jedoch keine leichte Aufgabe, denn es geht um den Wert der Liebe in all ihrer Größe und Tiefe. Rapunzel und der Königssohn verbanden sich in solch einer Liebe, als sie sich im einsamen Turm hoch über dem Boden des Alltags trafen. Dieselbe Kraft und Schönheit der Liebe auf den Boden zu bringen und sie praktisch von einem Moment zum nächsten zu leben ist jedoch eine Herausforderung, die nicht leicht zu bewältigen ist.

Dieser Teil des Märchens erinnert an die biblische Vertreibung aus dem Paradies. Früher sorgte die Erde in Gestalt der Zauberin dafür, dass der Mensch alles erhielt, was er zum Überleben und zum Erhalt seiner Gemeinschaft brauchte. Jetzt muss die Frau in der Einsamkeit hart arbeiten, um ihre Zwillingskinder zu ernähren, die sie inzwischen geboren hat.

Der männliche Aspekt des aus dem Paradies vertriebenen Menschen wurde in Folge seiner rationalen Lebensauffassung blind gegenüber den Gefühlen des Herzens und repräsentiert einen seelischen Zustand, der in den Grimm'schen Märchen oft als der Fluch unserer Zeitepoche behandelt wird. Im Märchen »Rapunzel« verliert der Prinzensohn die Erinnerung an seine wahre Herkunft und an die Bedeutung seines Daseins in der Sphäre der Erde.

Phase Fünf: Die Liebesbeziehungen werden geerdet.

> Nachdem er jahrelang umhergewandert ist, kommt der Königssohn eines Tages endlich in die Nähe des einsamen Häuschens, wo Rapunzel mit den Zwillingen lebt, die sie geboren hat, einem Knaben und einem Mädchen. Der Königssohn vernimmt eine Stimme, und sie scheint ihm so vertraut, dass er auf sie zugeht. Rapunzel erkennt ihn und fällt ihm weinend um den Hals. Zwei ihrer Tränen benetzen seine Augen, da werden sie wieder klar, und er kann sehen wie vorher. Er führt seine Familie heim in sein Reich, wo sie mit Freude empfangen werden, und sie lebten noch lange glücklich und vergnügt.

Der Abschluss des Märchens scheint mit einem »Happy End« abgerundet zu sein, was aber nicht stimmt. Es gibt da zwei wichtige Momente, auf die ich aufmerksam machen möchte.

Zum einen geht es um die Stimme, die dem herumirrenden Mann hilft, die Richtung zur geliebten Frau und zu seinem wahren Zuhause zu finden. Es ist die Stimme der ursprünglichen Liebe, die in unseren Herzen erklingt, und der wir lauschen sollten, um in jedem Augenblick die sinnvolle Richtung im Leben finden zu können.

Zum zweiten denke ich an die zwei Tränen von Rapunzel, die auf die blinden Augen des Mannes fallen und ihm die Sehkraft zurückgeben. Hier wird die heilende und schöpferische Kraft des Elements Wasser angesprochen, wenn Wasser mit den Qualitäten der Barmherzigkeit, der Liebe und der Freude durchdrungen ist. Wasser wird hier als ein Medium geehrt, durch das Liebe ermöglicht wird und mit dessen Hilfe wir im alltäglichen Leben schöpferisch tätig werden können, und zwar jenseits dessen, was der menschliche Verstand für möglich hält.

Kapitel 3
Wie Bäume und Steine lieben

Um der Liebe als einer kosmischen Kraft und Bewusstseinsmatrix ihren vollen Raum zu gewähren, müssen wir als erstes liebgewonnene Überzeugungen loslassen, etwa die, es handele sich hierbei um eine ausschließlich menschliche Angelegenheit. Zu diesem Zweck, und nicht um die eigene Wahrnehmungsfähigkeiten zu preisen, möchte ich einige meiner Erfahrungen der Liebesbeziehungen in der Natur mit euch teilen.

Als ich im Herbst 2021 eine Werkstatt in Berlin-Zehlendorf durchführte, besuchten wir mit der Werkstattgruppe den Messel-Park, an dem das Rudolf Steiner-Haus steht. In dem Park gibt es einen Buchenhain, den ich für geeignet hielt, um darin Erfahrungen zu sammeln, wie sich Einzelbäume liebevoll in Gemeinschaft verbinden. Sehr bewusst verwende ich hier den Begriff »liebevoll«, weil unser Interesse einer spezifischen Ebene der Beziehungen in der Natur gilt, die in der Feensprache »Anwa« genannt wird.

Den Begriff »Anwa« habe ich von meinem Freund David Spangler übernommen, den ich Anfang der 70er Jahre kennenlernte, als ich zum ersten Mal die ökologisch und spirituell orientierte Findhorn-Gemeinschaft in Schottland besuchte, mit der ich über all die Jahre immer wieder gemeinsame Projekte und Werkstätten durchführte. Vor einigen Jahren publizierte er zwei Bücher, in denen er seine Gespräche mit einer Sidhe-Frau namens Mariel aufzeichnete. Im zweiten Buch mit dem Titel *Engaging with the Sidhe* spielt der Begriff »Anwa« eine wesentliche Rolle.

Das Feenfolk der Sidhe (Aussprache dieses keltischen Wortes ist »Schi«) bewohnt einen sphärischen Raum, der parallel zu unserer verkörperten Erde als ein Teilaspekt des Erduniversums existiert. Dieses Feenvolk ist nicht in der Materie verkörpert, sondern lebt und webt als Hologramm im ätherischen Raum. Mehr davon findet sich in meinen Büchern *Wandlungstanz der Erde* und *Die Gaiakultur erschaffen.*

Liebevolle Beziehungen, die mit der Qualität von »Anwa« getränkt sind, schließen als erstes die von Teilen der Naturwissenschaft angenommene

Distanz zwischen Subjekt und Objekt aus, denn wie die Quantenphysik schon lange weiß, beeinflusst der Beobachter als Subjekt das Objekt seiner Beobachtung. Mache dir bewusst, dass der Baum, den du betrachtest, auch dich auf seine eigene Art und Weise »ansieht« und dein Mikrouniversum erforscht. (Bäume sind neugierige Wesenheiten.) Die gegenseitige Wahrnehmung geschieht auf einer höheren Bewusstseinsebene und kann durchaus als Dialog bezeichnet werden. Da jedoch die Wesenheiten der Natur, anders als Menschen keinen Zugang zu einer mentalen Bewusstseinsebene haben, gleicht dieser Dialog eher einer Liebesbeziehung – natürlich nur, wenn der betreffende Mensch dafür offen ist.

Doch »Anwa« bedeutet noch mehr. Es geht nicht nur um die individuelle Beziehung zwischen zwei Subjekten wie etwa einem Baum und einem Felsen oder einem menschlichen Wesen und einem Fluss. Bei einer Beziehung im Geist von »Anwa« spielt auch das Ambiente eine Rolle, das an dem Austausch von zwei oder mehr Wesenheiten ebenfalls beteiligt ist. Auch die Sternenkonstellation des gegebenen Augenblicks sowie elementare und geistige Hüter des Ortes können bei diesem gemeinsamen Tanz mitmachen. Bei den Begegnungen im gemeinsamen Raum von »Anwa« kommt es zu Wandlungen der menschlichen und mehr als menschlichen Wesen, denn jedes Mal werden ihnen neue Einsichten in die Geheimnisse der Schöpfung zuteil.

Ganz anders verhält es sich in unserer mit mentalen Mustern durchdrungenen Kultur. Oft kommt es bei der Berührung von Mensch und Natur vor, dass Menschen, die davon ausgehen, Bäume und Steine hätten kein Bewusstsein und keine Herzensdimension, sich vor der elementaren Erotik der Natur verschließen. In ihnen steigt stattdessen ein diffuses Gefühl auf, als ob die Wesenheiten der Natur und der Landschaft in den Raum ihres Herzens eindringen wollten, und sie fühlen sich bedroht und sind verängstigt. Hinzu kommen kulturelle Gewohnheiten und Muster, die uns dazu bringen, alles um uns herum als von uns getrennte Objekte zu betrachten. So kann es paradoxerweise vorkommen, dass Menschen zwar behaupten, wie sehr sie es »lieben«, in der Natur zu wandern, gleichzeitig aber (unbewusst) die ihnen entgegengebrachte *Liebe* der Naturwesenheiten nicht zulassen. Als Konsequenz davon wächst die Kluft zwischen den elementaren Welten der Erde und der Menschheitsfamilie mit dem Resultat, dass immer mehr Tierarten aussterben und Naturorganismen vernichtet werden.

Liebesbeziehungen der Pflanzen

Ich möchte noch einmal zurückkommen auf meine Wahrnehmungserfahrungen im kleinen Buchenhain des Messel-Parks in Berlin:

Was mich als erstes berührt, ist das Empfinden eines regen Geschehens im Untergrund des Hains. In meinem Innern nehme ich wahr, wie die Wurzeln der Buchen miteinander kommunizieren, indem sie sich mit feinen Lichtfäden rhythmisch berühren. Im nächsten Moment spüre ich, dass ich in diesen Kommunikationstanz hineingezogen werde, indem die Kräfte meiner eigenen Erdung angeregt werden. Es kommt mir vor, als ob die Buchen herauszufinden versuchen, wie ein Menschenwesen sich erdet, das keine festen Wurzeln besitzt.

Doch kaum habe ich mich auf diese Ebene im Untergrund eingestimmt, schon zieht die Buchenfamilie meine Aufmerksamkeit hoch in ihre Kronen, wie um mir zu zeigen, dass die Flechtwerke ihrer Beziehungen zu der universellen Ganzheit und ihren geistigen Ebenen ebenso reich ausgebildet sind.

Als nächstes empfinde ich ein horizontales Kraftfeld, das zwischen den Bäumen auf meiner Herzebene pulsiert. Es ist ein horizontales, aber kein geschlossenes Feld, sondern wird von einzelnen Fäden gebildet, die von den Wurzeln und den Kronen zusammenfließend ein geflochtenes Ganzes bilden. Aber sieh, auch hier dasselbe Phänomen! Im Moment, als ich ihn wahrnehme, fließt der geflochtene Strom auch schon durch meinen Körper hindurch. Genauer gesagt, er fließt durch eines meiner Herzzentren, welches wir das elementare Herz nennen – später mehr darüber. Ich werde als menschliches Wesen in das Liebesgespräch hineingezogen, das Bäume unentwegt miteinander führen und variieren.

Als ich am nächsten Tag zwölf Stunden mit der Bahn fuhr, um nach Hause ins Vipava-Tal in Slowenien zu gelangen, hatte ich die Inspiration, die mitten in Berlin erfahrene Kommunikation mit der Natur und der Landschaft fortzuführen. Am Fenster stehend, versuchte ich die vorbeieilenden

Landschaften mit meinen Händen zu berühren und zu streicheln. Ich war überrascht, dass mich die liebevolle Antwort noch im selben Moment ohne Verzögerung erreichte. So wurde die lange und normalerweise anstrengende Bahnfahrt zu einem Vergnügen.

In meiner Imagination streichelte ich den glänzenden Wasserstrom der Flüsse, an denen wir vorbeifuhren – was für ein paradiesisches Gefühl! Ich legte meine Hände an die grauen Wände der Berge, als wir die Alpen passierten. Die Berge erlaubten meinen Händen, das Innere ihrer Steinschichten zu berühren. Obwohl all das auf telepathischer Ebene verlief, war die Kommunikation doch stärker und liebevoller als in den handfesten Naturräumen. Wieso?

Wenn ich versuche, solche Übungen direkt in der Natur zu praktizieren, bemerke ich oft einen unsichtbaren grauen Schleier über den Naturlandschaften, an manchen Orten dicker, an anderen dünner. Es gibt auch Bereiche, wo dieser Filter glücklicherweise fehlt. Aber grundsätzlich ist er überall vorhanden, da Menschen ihre schon erwähnten Vorbehalte gegenüber der Natur und ihre kritische Distanzierung unentwegt auf die Bewusstseinsebene der Natur und Landschaften projizieren. Dieser Prozess dauert schon sehr lange an und hat sich verfestigt, noch verstärkt durch die feindliche Einstellung gewisser Religionen gegenüber den elementaren Ausdehnungen der Erde und der Natur.

Eigentlich ist gegen die objektive Ausrichtung unseres Verstandes gegenüber allem, was uns umgibt, nichts einzuwenden. In gewisser Hinsicht brauchen wir sogar diese Distanz, um unsere Einstellungen dem Leben gegenüber zu überprüfen und Entscheidungen treffen zu können. Doch ist es an der Zeit zu lernen, wann eine solche Distanzierung sinnvoll ist und wann sie sich auf unsere Wahrnehmung der Natur und auf unsere zwischenmenschlichen Beziehungen störend auswirkt.

Unweit des Buchenhains stehen auf der Wiese im Berliner Messel-Park zwei mächtige solitäre Bäume, eine Buche und eine Platane. Die Distanz zwischen den beiden ist so groß, dass sie sich auch mit ihren mächtigen Kronen kaum berühren. Als ich die Werkstatt vorbereitete und zwischen den beiden umherschritt, nahm ich einen für unsere Augen unsichtbaren Schleier wahr, der zwischen den beiden Bäumen gespannt war. Ich

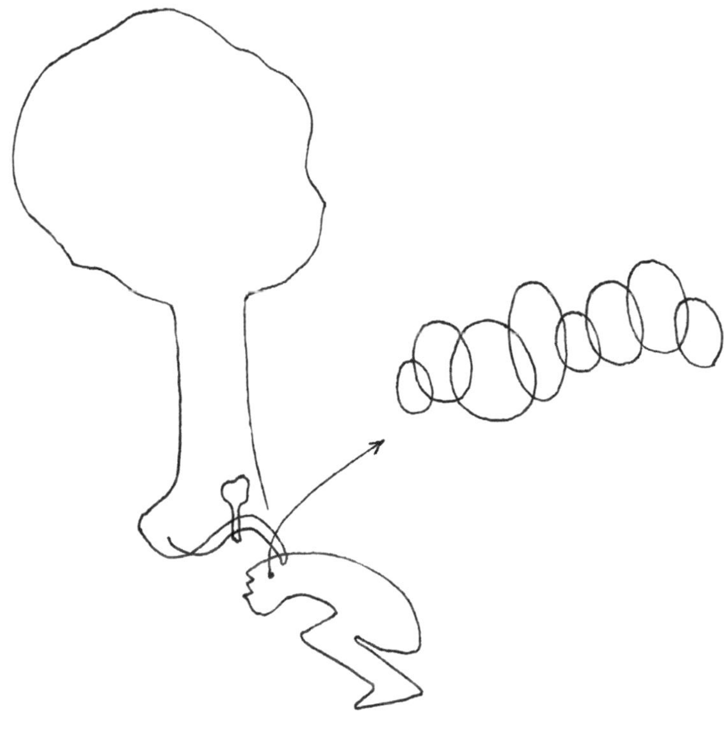

Der Liebesaustausch zwischen zwei Baumriesen –
beobachtet aus der Perspektive der Mini-Buche

vermutete, auf einen Gesprächsfluss gestoßen zu sein, der zwischen den beiden Bäumen floss.

Es dauerte lange, bis ich dem Geheimnis der Kommunikation zwischen den beiden Baumriesen auf die Spur kam. Doch dann bemerkte ich, dass die Buche eine ihrer Wurzeln nahe am Stamm aus der Erde emporsteigen lässt, um sie gleich danach wieder im Boden verschwinden zu lassen. Dadurch entstand eine Art kleines Tor.

Ich lege mich neben diesem Mini-Tor auf die Wiese und mache mich imaginativ so klein wie ein Daumen, so dass ich das niedrige Tor durchschreiten kann. Dahinter entdecke ich einen kleinen Garten, in dessen Mitte eine nicht mehr als dreißig Zentimeter hohe Minibuche wächst – offenbar die Tochter der Riesin.

Wenn ich mich aus der Perspektive des kleinen Gartens auf die für die Augen unsichtbare Wand zwischen den beiden Baumriesen fokussiere, kann ich vor meinem inneren Auge einen regen Verkehr der Kommunikation zwischen den beiden Bäumen sehen. Ich entdecke eine Myriade winziger Wesenheiten, die zwischen den beiden hin und her wandern und die ich als Liebesbotschafter empfinde. Sie zeigen sich mir als bunte Fächer, die um einen lichten Kern herum aufgespannt sind.

Sie sind so fein, dass sie für unsere Augen unsichtbar sind. Doch ich konnte klar spüren, dass die beiden Bäume, auch wenn sie nicht wie zwei menschliche Wesen aufeinander zugehen können, sich doch unaufhörlich umarmen, indem sie mit Hilfe der kleinen Botschafter Liebesgeschenke miteinander austauschen.

Liebesbeziehungen der Steine und Berge

Und wie steht es mit den Liebesbeziehungen bei den Steinen? Was ist ihr Beitrag zu den Liebesfeldern in der Landschaft? – Bevor wir das »Anwa« der Steine betrachten, müssen wir verstehen, dass Steine nicht weniger lebendig sind als Pflanzen, Tiere oder menschliche Wesen, auch wenn der äußere Anschein etwas anderes nahelegt. Ihre Lebendigkeit ist sozusagen nach innen gestülpt. Steine und Berge sind wie permanent meditierende Mönche, deren Lebendigkeit sich durch die regen Bewegungen ihres Bewusstseins ausdrückt.

Das Bewusstsein der Steine, Kristalle und Berge funktioniert nicht in der Art und Weise wie bei uns, indem wir denken und uns ausdrücken. Bei Steinen ist das Bewusstsein eines der vollkommenen Stille und gleichzeitig ohne irgendeine Begrenzung. Das Bewusstsein eines Steins erscheint vor meinem inneren Auge schwebend wie eine große Wolke, die den Stein umgibt und durchdringt. Die Unfähigkeit, sich durch Bewegung nach außen hin auszudrücken, wird bei Steinen dadurch ausgeglichen, dass ihr Bewusstsein ununterbrochen als ein Teil der Lithosphäre mitschwingt, in der die ganze Kapazität des Steinuniversums konzentriert ist. Diese Verankerung in der Lithosphäre (»Lithos« ist griechisch und heißt »Stein«) hat die steinerne Intelligenz dahin gebracht, eine große Fähigkeit zu entwickeln, Informationen in ihrem Innern zu speichern. Letztendlich sind Steine und Berge in ihrer Stille keine einsamen Wesenheiten, sondern stehen im Fluss des permanenten Austauschs mit allen Ausdehnungen der universellen Steingemeinschaft.

Ich habe mir viel Mühe gegeben, die Liebesfelder zwischen den einzelnen Steinen und Steinformationen wahrzunehmen, und ich dachte, ich würde ähnliche Phänomene finden, wie sie zwischen den Bäumen und Pflanzen vorkommen. Meine Suche blieb allerdings ohne befriedigende Resultate, bis ich verstand, dass die Steine ähnlich wie kleine Kinder ihre Mutter lieben. Wir wissen, dass kleine Kinder, besonders in der Zeit, wenn sie gestillt werden, in ihre Mutter verliebt sind. In ihren ersten Jahren bewegen sie sich innerhalb des Liebesfeldes der Mutter, das ihre Kinder umschließt und beglückt. Im Falle der Steine ist wohl Gaia die Mutter, die geliebt wird.

Gaia ist der griechische Name für die Erdschöpferin und Göttin. Wir haben diesen Namen wiederbelebt, weil der Begriff »Erde« in der modernen Kultur eng mit der materialisierten Planetengestalt verknüpft ist und nicht mehr dem Bild traditioneller Kulturen entspricht, die die Erde als ihre Mutter verehren, aus der alles Leben entspringt. So stellen die Mineralien die Basis ihrer Schöpfung dar, auf deren Grundlage sich später alle anderen Lebensformen entwickelten. Steine in der Landschaft, seien es kleine Steinchen am Flussufer oder riesige Megalithen und Berge, repräsentieren die jüngste Generation der Wesenheiten, die Mutter Gaia hervorgebracht hat. Deshalb finden die Liebesbeziehungen in der Steinfamilie nicht zwischen einzelnen Steinen statt, sondern in Bezug auf den Erdkern, dem Puls ihres geistigen Geburtsorts, aus dem die Erdmutter Gaia ihre Liebe zur ganzen Schöpfung fließen lässt.

Diese Art der Liebesbeziehung scheint auf den ersten Blick selbstsüchtig zu sein, was aber nicht der Fall ist. Es verhält sich genau umgekehrt! Durch ihren ständigen Liebesaustausch mit dem Erdkern bringen Steine unentwegt den Duft und den Segen der elementaren Liebe von Gaia und ihren elementaren Wesenheiten in die Landschaft hinein. Das macht den wichtigen Beitrag der Steine und Berge zur Schönheit und Gesundheit der Landschaften und Biotope der Erde aus.

Nachdem ich die Struktur und Bedeutung der Liebesfelder der Steingemeinschaft verstanden hatte, beschenkte mich folgender Traum mit der Einsicht, dass dieselbe Liebesdimension auch bei Bäumen und Pflanzen eine tragende Rolle spielt:

Ich bin dabei, Baumstämme in zwei Meter lange Stücke zu zersägen, wobei kleine Äste mit grünen Blättern nicht entfernt werden. Die Stücke des Baumstamms werden nebeneinander auf den Boden gelegt und mit unterlegten Holzkeilen vom Boden hochgehoben, mit der Absicht, einen Fäulnisprozess zu verhindern. Mit dieser niedlichen Anordnung erwarte ich, dass die Blätter an den Zweigen weiterwachsen werden. Erst im Moment des Erwachens wird mir klar, dass die Blätter an den Zweigen verwelken werden, da die Bäume selbst keinen Kontakt zur Erde mehr haben.

Die Lehre, die mir der Traum erteilt, ist offensichtlich. Bei den Pflanzen und Bäumen ist der ständige Liebeskontakt zum Kern der Schöpfung und zu Gaia genauso lebenswichtig wie für die Lithosphäre der Steine. Ich habe diese Dimension ihrer »Anwa« einfach übersehen und wurde deshalb nachts an den Ohren gepackt, wie wir es im Slowenischen ausdrücken.

Andererseits hat mich der Traum aufgefordert, genauer hinzuschauen, ob Steine, Kristalle und Berge nicht doch eine Möglichkeit haben, ihre Liebesbeziehungen untereinander zu pflegen, ähnlich wie Bäume und Pflanzen.

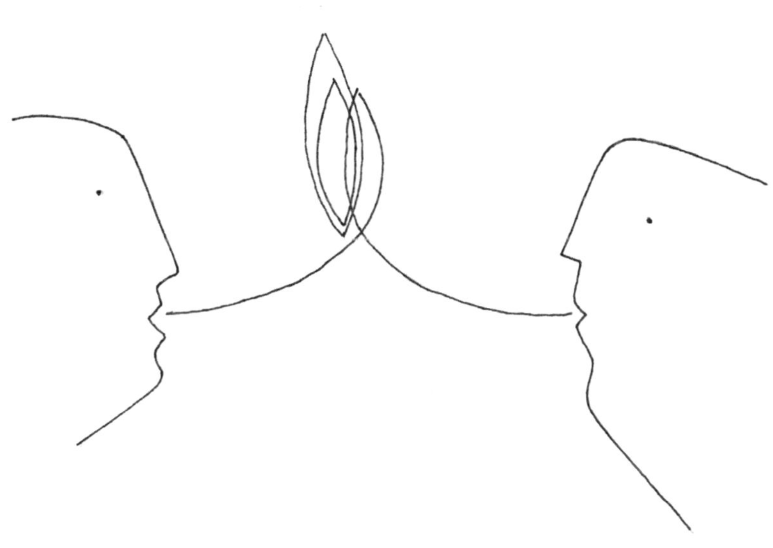

Der Liebeskuss zwischen zwei Steinformationen

Deshalb begab ich mich erneut in die Landschaft, um die »Anwa« der Steine und Berge genauer zu beobachten. Tatsächlich konnte ich solche Liebesfelder auch zwischen Steinen und Bergen wahrnehmen; allerdings sind sie dort eher von feuriger Qualität, während sie bei den Pflanzen wässriger Natur sind.

Unser Vipava-Tal hier in Slowenien ist zum Beispiel an einer Bruchkante entstanden, als durch kontinentale Bewegungen eine ungefähr zweihundert Meter dicke Kalkschicht, die die karstige Landschaft überdeckt, auseinandergerissen wurde. Wir leben also unten im Tal zwischen zwei Steinabbrüchen. Wenn ich jetzt aus dem Tal nach oben schaue, sehe ich vor meinem inneren Auge, wie die beiden Steinformationen miteinander kommunizieren. Es sieht so aus, als ob sich immer wieder Lichtwellen zwischen den beiden auseinandergebrochenen Steinformationen bilden, die aufeinander zulaufen, um sich in der Mitte über unserem Tal zu küssen. Die beiden Lichtwellen springen einander umarmend hoch und kreieren dabei ein buntes Feuerwerk.

Bei weiteren Beobachtungen bemerkte ich, dass nach diesem »Kuss« eine zweite Phase folgt, bei der sich eine mehrschichtige Lemniskate (in Form einer liegenden Acht) bildet, die die beiden steinigen Partner umhüllt und in eine Art von Stille versinken lässt. Danach beginnt der beschriebene Prozess von vorn und startet wieder mit der Eruption von Lichtwellen. Die zweite Phase können wir am besten – anhand der im zwölften Kapitel angebotenen Übungen – bei hochstehenden Steinen wie Kristallen oder Bergen beobachten.

Kapitel 4
Mond – Wasser – Tiere

In dieser Phase der Erd- und Menschenwandlung ist es besonders wichtig, die Liebesfelder in der Landschaft möglichst umfangreich darzustellen, um die Menschen unserer Zeit zu inspirieren, sich auf eine neue Art und Weise zu erden, die mit dem Wandlungsprozess der Erde einhergeht. Sich zu erden bedeutet nicht nur, sich als Seelenwesen mit der Materie anzufreunden, was an sich schon nicht einfach ist, sondern bewusst in das Liebesnetzwerk der Erde und ihrer Wesenheiten einzutreten und den eigenen Beitrag zur Fülle der Liebesbeziehungen in die Landschaft einfließen zu lassen. Wenn wir die Liebe in den Landschaften der Erde genügend wertschätzen und ihr den Platz einräumen, der ihr gebührt, ist das der direkte und schnellste Weg zur Heilung der ruinierten Biotope und gestörten elementaren Welten.

Bislang haben wir verschiedene Komponenten der Liebesfelder in der Naturlandschaft betrachtet, einen Reichtum, den wir gewöhnlich gar nicht beachten. Dabei ist jedes kleinste Detail der Aufmerksamkeit wert. Doch wie können wir all diese Aspekte aus einer Gesamtsicht heraus betrachten und verstehen? An dem Punkt kommt das Element des Wassers ins Spiel. Wir meinen hier nicht nur die sichtbare Präsenz des Wassers, wie alle Arten von Wasserläufen, Seen, Meeren oder dem Regen. Wasser ist mehr oder weniger überall in der Atmosphäre präsent, es reichert jede Art von Materie mit Feuchtigkeit an. Es ist im unterirdischen Bereich als Grundwasser zu finden und bewegt die subtilen Ebenen unserer Gefühlswelt; manche sprechen hier auch von »Astralebenen«. Wasser kommt auf der Erde in den verschiedensten Formen vor und bewegt sich auf dieser wie eine abgerundete Wassersphare, auch Hydrosphäre genannt. Wir könnten sie uns auch als eine feuchte Kugel vorstellen, die die ganze verkörperte Welt samt ihren Wesenheiten umgibt und durchdringt. Somit eignet sich Wasser geradezu ideal, um alle Aspekte von »Anwa« zu verbinden und ihre verschiedenen Ausdehnungen in eine permanente Fließbewegung zu bringen.

Die Erde als ein Hologramm im Wasser

Wir werden dem Element Wasser allerdings nicht gerecht, wenn wir nur die manifeste Ebene des Wassers berücksichtigen. Die Hydrosphäre ist auch ein elementarer Organismus, eine kosmisch anmutende Wesenheit, die die manifeste, in der Materie verkörperte Erde, einschließlich der verkörperten Wasserphänomene umgibt und durchdringt. Wir könnten sogar sagen, dass die Wassersphäre einen zweiten manifesten Körper der Erde bildet, das heißt, die Erde ist zum einen im Erdelement verkörpert und zum anderen im Element Wasser. Deshalb könnten wir die Hydrosphäre treffender auch als Wassererde bezeichnen.

Diese zweite Erde, die Wassererde, ist eine Zwillingserde, die im Mond gespiegelt wird. Warum gerade im Mond? Es ist der Mond, der mit seinen verschiedenen Phasen und seiner Anziehungskraft auf die Gezeiten der Ozeane das Wasser der Hydrosphäre in einer ständigen zyklischen Bewegung hält. An Ebbe und Flut erkennen wir den sichtbaren Einfluss des Mondes, der sonst eher unsichtbar innerhalb der Hydrosphäre wirkt.

Verschiedenste Untersuchungen und beeindruckende Experimente haben gezeigt, dass Wasser unvorstellbare Mengen an Informationen speichern kann. Deshalb besteht die Möglichkeit, dass all das, was auf materialisierter Ebene existiert, nochmals im subtilen und sich weich anfühlenden Element Wasser verkörpert wird. In diesem Sinne spreche ich von der Erde mit all seinen Wesenheiten und Lebensprozessen als von einem »Hologramm im Wasser«, wobei ich hier mit dem Begriff Hologramm zum Ausdruck bringen möchte, dass die Schrift des Lebens in der Sphäre des Wassers aufgezeichnet und bewahrt wird. Die Tragik der menschlichen Entfremdung von allem Natürlichen und Lebendigen spiegelt sich darin, dass unsere heutige Zivilisation ihr Dasein ausschließlich auf der festen und im wahrsten Sinne des Wortes greifbaren Materie begründet und dabei ihre eigene parallele Existenz und besonderen kreativen Möglichkeiten im fließenden und unentwegt beweglichen Wasserelement leugnet.

Als verkörperte Wesenheiten sind wir sowohl in der festen Materie als auch in dem sich weich anfühlenden und beweglichen Hologramm des Wassers präsent. Wir folgen nicht nur dem von der Sonne bestimmten binären Rhythmus von Tag und Nacht, sondern auch dem Rhythmus der

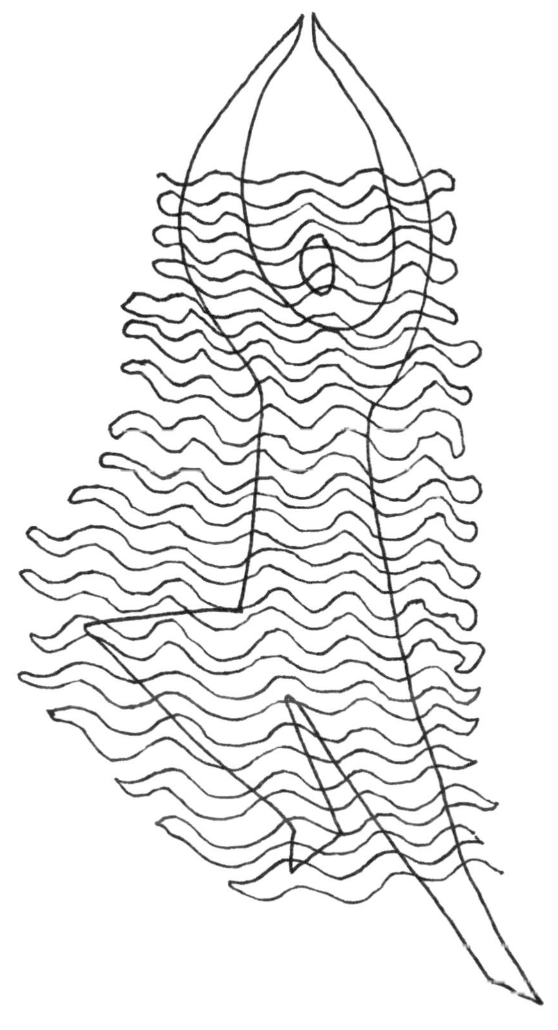

Der Mensch als ein Hologramm im Wasser

ständig wechselnden Mondphasen und der damit verbundenen Bewegung des Wassers. Hinzu kommt, dass alles, was sich in der materialisierten Welt als vereinzelte Gestalt präsentiert, gleichzeitig in der Hydrosphäre als ein Aspekt der unteilbaren Ganzheit mitschwingt. Wasser sprengt alle Grenzen. Wasser ist allverbindend.

Da wir in den nächsten Kapiteln von bestimmten neuen Organen des Herzsystems sprechen, die sich physisch nicht nachweisen lassen, sollten wir uns an dieser Stelle noch einmal klarmachen, dass wir als verkörperte Wesenheiten nicht nur in der Materie, sondern auch als ein Hologramm im Wasser existieren. All das, was in der materiellen Formenwelt keinen Ausdruck finden kann, ist im subtilen Wasserkörper nicht nur als Idee vorhanden, sondern kann in der persönlichen Hydrosphäre als ein real wirkendes Organ existieren.

Am Ufer des Flusses Ljubljanica führte ich einen inneren Dialog mit dem elementaren Wesen des Flusses und fragte nach dem Beitrag des Wassers zu den Liebesfeldern in der Landschaft. Dazu möchte ich erwähnen, dass Ljubljanica – der Fluss, der durch unsere Hauptstadt Ljubljana fließt – den Kelten als heiliger Fluss galt, was durch unzählige kostbare Votivgegenstände bezeugt wird, die im Flussbett von Ljubljanica gefunden wurden. Ljubljanica verschwindet im karstigen Boden des Südens Sloweniens sieben Mal und kommt immer wieder unter einem anderen Namen zum Vorschein, erst als ein kleiner Bach und später als ein großer Fluss. Besonders bemerkenswert und weltweit bekannt ist das Verschwinden von Ljubljanica in den Grotten von Postojna. Damit wird Ljubljanica zum lebendigen Symbol der zyklischen Reinkarnation des Lebens.

Die Flussgöttin beantwortete meine Frage, indem sie sich in meiner Imagination zuerst innerhalb der Wassersphäre zeigte, die zwischen dem hohen Himmel und der Tiefe der Erde schwingt. Danach berührte sie sanft und liebevoll mein horizontales System der drei Herzen – vom dem später noch die Rede sein wird. Die Geste wurde begleitet von Bildern, die sich in mehreren Schichten übereinanderlegten und die ich folgendermaßen übersetze:

»Die Wassersphäre ermöglicht einen ideellen Austausch zwischen den Liebesfeldern in den Landschaften der irdischen Welt. Die kausale Ausdehnung der Hydrosphäre wiederum macht es möglich, dass die Liebesbeziehungen in der Welt auf eine bestimmte – weiche – Art und Weise verkörpert werden. Sie bleiben nicht wie das Konzept der »platonischen Liebe« in der Luft hängen, sondern bekommen einen stark geerdeten und gleichzeitig subtilen Körper. Liebe wird damit zu einer realen Kraft, die die Kälte der entfremdeten zwischenmenschlichen und interkulturellen Beziehungen umwandeln und mit Liebesimpulsen inspirieren kann.«

Die Rolle der Tiere

Unsere Beobachtung der verschiedenen Schichten der Liebesfelder in der Natur und Landschaft hat gezeigt, dass alle Wesenheiten, die in der manifesten Welt ihren Ausdruck finden, seien es Pflanzen oder Steine, Wasser oder auch menschliche Wesen, einen einzigartigen Aspekt der elementaren Liebe verkörpern. Wie steht es also mit dem Beitrag der Tiere? Da Tiere in fast allen Elementen und Biotopen der Erde in den verschiedensten Formen zu finden sind, sollten wir annehmen, dass sie auch im geheimen Liebesparadies der Erde eine Rolle spielen.

Leider ist der Beitrag der Tiere zum Paradies der Erde stark verschattet. Der Mensch hat Tiere weitgehend versklavt. Entweder gelten sie als Nutztiere, um die selbstsüchtigen Wünsche der überwiegenden Mehrheit der Menschheit zu erfüllen, oder sie leben als sogenannte wilde Tiere von Menschen kontrolliert in ihren eingeschränkten Habitaten, wenn sie nicht schon vorher ausgerottet wurden. Wir müssen all das nicht im Detail schildern, da die unglückliche Lage des Tierreichs auf Erden allgemein bekannt ist.

Doch ist es wichtig, diese Tatsache zu erwähnen, da durch diese Blockierung der Tierwelt ein kostbarer Aspekt von »Anwa« verlorengeht und dessen Abwesenheit eine tiefe Lücke offenbart. Dieser Verlust in der Gesamtgestalt von »Anwa« bezieht sich auf die einzigartigen Verbindungen der Tiere zu ihren kosmischen Archetypen. Diese Urbilder sind zum Teil in der Erinnerung verschiedener Kulturen in der Form des Tierkreises (Zodiak) erhalten. Aber bei unserer Wanderung durch die Liebesfelder der Natur möchten wir die Urbilder der Tiere nicht auf den Himmel projiziert sehen und ihre Resonanz mit verschiedenen Sternkonstellationen erörtern. Die Frage, die uns an dieser Stelle bewegt, lautet, inwieweit Tiere unter den gegebenen Bedingungen überhaupt noch in der Lage sind, die »Anwa« der Landschaft zu bereichern.

Ich gebe diese Frage weiter an unser längst verstorbenes Schaf, dem wir den Namen Fatima gegeben hatten. In den 70er Jahren des vorigen Jahrhunderts hatte ich in Slowenien zusammen mit anderen eine landwirtschaftlich-künstlerische Kommune namens »Šempas Familie« gegründet, und Fatima gehörte zu der kleinen Schafherde, die ich hütete. In meiner Imagination zeigt sich Fatima zwar in der Gestalt eines Schafs, aber in der aufrechten Haltung einer Göttin.

Fatima lässt mich wissen, dass die verschiedenen Tierarten über weit verzweigte Beziehungen zur kausalen Ebene der Erde verfügen und diese aufrechterhalten, damit die Liebesimpulse der Mutter allen Lebens auf der verkörperten Ebene alle Tiefen und Höhen in der Natur und alle versteckten Ecken in der Landschaft erreichen können – und zwar so, dass die Liebesbeziehungen in jedem Moment aus der Präsenz im kausalen Raum auf die Ebene der manifesten Welt gehoben werden.

Der Aussage von Fatima möchte ich einige Sätze anschließen, um sie verständlicher zu machen. Tiere entstehen nach dem Modell bestimmter Urmuster, die Gaia als Erdmutter für jede Mega-Epoche ihrer Evolution neu erschafft, um den Landschaften und deren Wesenheiten eine an die gegebene Epoche angepasste Form der Verkörperung zu geben. Die vielen Tierarten, die der heutigen Zoologie bekannt sind, gehören zu unserer Zeitepoche in der Erdgeschichte. So gab es etwa zur Zeit der Dinosaurier völlig andere Tierarten oder dieser Zeitepoche angepasste Körperformen.

Alles, was sich auf Erden verkörpert, muss durch diese Urformen und Urmuster der kausalen Ebene hindurchgleiten, um auf der verkörperten Ebene der Erde zu erscheinen. Dadurch wird sichergestellt, dass es in Übereinstimmung mit dem Gesamtplan der Schöpfung Gaias steht. Das gilt auch für Menschenseelen, die sich auf dem Weg zur Verkörperung befinden. (Deswegen können die Tierkreiszeichen in der Astrologie dafür verwendet werden, um bestimmte Einsichten in den Charakter oder den verborgenen Lebenszweck eines individuellen Menschen zu gewinnen.)

Unser verstorbenes Schaf Fatima

Das ganze Spektrum der Tiere – vom kleinsten Insekt bis zum größten Elefanten und der höchsten Giraffe – steht als Garant dafür, dass die unzähligen Urbilder des Lebens mit all seinen Phänomenen auf der manifesten Ebene in der entsprechenden Formgestalt erscheinen können. Deshalb ist die Vielfalt der Tierarten die Voraussetzung dafür, dass das verkörperte Leben in seiner ganzen Formenvielfalt auf der Erde präsent ist; das bezieht sich auch auf alle möglichen Aspekte in den Liebesbeziehungen.

Kapitel 5

Bin ich als Mensch Teil der Liebesfelder der Natur?

Die Liebe Gaias durchdringt alle Wesenheiten und Ebenen des irdischen Universums, so dass es kaum möglich ist, die unterschiedlichen Schichten der Liebesfelder bei verschiedenen Wesenheiten zu unterscheiden. Im Prinzip handelt es sich um Fraktale des elementaren Herzens von Gaia, der Erdschöpferin und Göttin aller Wesen, auch der menschlichen, die einem Teil ihres Bewusstseins und ihrer Schöpfung einen bestimmten Ausdruck verleiht, damit wir alle als eine reich gegliederte Gemeinschaft der lebendigen Erde eine gemeinsame Sphäre bilden, die mit Liebe getauft wird.

Doch es erscheint sinnvoll, die Liebesfelder verschiedener Mitglieder dieser vielfältigen Gemeinschaft anzusprechen, um den Einblick in die Liebesbeziehungen unserer Mitwelt zu erweitern und neue Einsichten zu gewinnen.

Für das Liebesfeld von Gaia, das alle Wesenheiten und Ebenen des irdischen Universums durchdringt und liebkost, prägte ich zusammen mit meiner Tochter Ajra in den 90er Jahren des vorigen Jahrhunderts den Begriff des elementaren Herzens. Um uns davon ein Bild zu machen, können wir uns vorstellen, dass Gaia als Mutter und Schöpferin der lebendigen Erde ihren Kosmos ununterbrochen in der Umarmung ihres Liebesfeldes hält. Die holographischen Teilstücke dieses gigantischen Erdherzens befinden sich im Kern aller Wesenheiten der Natur und der Landschaft, seien sie manifestiert im relativ festen Körper oder für die menschlichen Augen unsichtbar.

Dieses liebende Herz der Erde zeigt sich in zwei scheinbar gegensatzlichen Kräften. Die eine Kraft kennen wir unter dem Begriff der Gravitation, deren wahre Bedeutung jenseits aller Verstandeskonzepte steht und weit unterschätzt wird, handelt es sich doch hier um eine Liebeskraft, die das ganze Erduniversum im Herzzentrum des Planeten zentriert. Diese unvorstellbare und unendliche Liebeskraft stellt sicher, dass alle Wesenheiten und Phänomene der Erde am Herzen der Erde Anteil haben und darauf fokussiert sind. Auf der anderen Seite geht die Wirkungskraft des Erdherzens in die genau entgegengesetzte Richtung, indem sie sich in den unvorstellbar breiten Fächer der irdischen Schöpfung ausweitet und alle Wesenheiten und Phänomene mit der spezifischen Liebesschwingung des Erdherzens versorgt.

Das elementare Herz des Menschen

Gemeinsam mit meiner Tochter Ajra konnte ich das elementare Herzzentrum an der unteren Spitze des Brustbeins lokalisieren. Weiter stellten wir fest, dass das elementare Herz beim Menschen als Ausgangspunkt dient, von dem aus das persönliche Elementarwesen sich durch das Wasserhologramm des Körpers bewegt und dabei alle Ausdehnungen und Organe unseres Körpers erreichen kann.

Elementarwesen können auf der einen Seite als holographische Teilstücke des Gaia-Bewusstseins verstanden werden, durch die alle Aspekte des Erdkosmos geordnet werden, um in ihrer Daseinsform auf der manifesten Ebene der Wirklichkeit erscheinen zu können. Auf der anderen Seite sollten Elementarwesen aber auch als Wesenheiten betrachtet werden, die zwar keinen materialisierten Körper besitzen, aber dennoch wie Bäume, Tiere oder Berge ebenbürtige Kinder der Weisheit von Gaia sind. Da es ihre Aufgabe ist, alle Daseinsformen von innen zu erreichen, können sie nur in dieser körperlosen Form für deren glückliche und mit dem Sinn ihres Daseins verbundene Existenz sorgen. Elementarwesen sind Kinder von Gaia und wunderbare Diener des Lebens; in den überlieferten Sagen und Märchen verschiedener Kulturen begegnen sie uns als Feen, Zwerge, Undinen und in vielen anderen Formen.

So wie Berge, Tiere und Pflanzen mit Hilfe ihrer elementaren Begleiter und Diener in ihrem verkörperten Dasein mit allem versorgt werden, was sie für ihre gesunde und glückliche Existenz im Erdkosmos brauchen, so auch jeder Mensch. Das ist die Aufgabe des persönlichen Elementarwesens, die es mit Hilfe des reich verzweigten körperlichen Mikrobioms (Gemeinschaft der Mikroorganismen) bewältigt. Mikroorganismen, die

Das persönliche Elementarwesen und der Mensch sind eins.

es im Körper wie auf der ganzen Erde in unzähligen Mengen gibt, kooperieren mit dem Elementarwesen, indem sie seine energetischen Impulse in verkörperte Taten umsetzen.

Die zweite Funktion des elementaren Herzens besteht darin, den Menschen mit den Liebesfeldern von Gaia zu durchströmen. Wie beim Pulsieren des organischen Herzens, werden die elementaren Liebesimpulse in der ersten Phase eingeatmet und in der zweiten im Körper verteilt. Hinzu kommt noch eine dritte Phase, bei der das mit den individuellen Eigenschaften angereicherte Liebeskraftfeld in das Umfeld ausgeatmet wird, um das »Anwa« der Mitwelt zu bereichern.

Es ist wichtig zu betonen, dass in der Phase der Einatmung nicht nur die Liebesimpulse der Erdschöpferin und ihrer elementaren Wesenheiten eingeatmet werden, sondern auch Elemente von Weisheit und Wissen, die Gaia in ihrem Bewusstseinsfeld gespeichert hat.

Deshalb kann das elementare Herz auch als Quelle angesehen werden, durch die dem Menschen die Einsichten zu den Gesetzmäßigkeiten, Harmonien und Rhythmen des Lebens zuteilwerden, natürlich nur, wenn er daran ein Interesse bekundet. Das elementare Herz wird so zusammen mit dem Elementarwesen zum Brennpunkt des persönlichen elementaren Meisters, der dem menschlichen Wesen helfen kann, seinen oberflächlichen Lebensweg zu vertiefen. Wir könnten auch sagen, das persönliche Elementarwesen wird auf diese Weise zum elementaren Meister des gegebenen Menschen erhoben. So wie es auf der persönlichen Ebene für die Gesundheit unseres Körpers sorgt, weiß es auch, was der Gesundheit unseres größeren Körpers, der Erde, dienlich ist und was nicht.

Dies ist eine Zusammenfassung meines auf verschiedenen Erfahrungen der elementaren Welten aufgebauten Wissens – siehe dazu auch mein Buch »Elementarwesen: die Gefühlsebene der Erde«. Am Ostersonntag 2021 erwache ich mit einem Traum, der mir klarmacht, dass mein Wissen zu den Elementarwelten mit dem aktuellen Verlauf der Erd- und Menschenwandlung in Übereinstimmung gebracht werden sollte.

Meine Familie bricht auf, um einen Ausflug zu machen, während ich mich entschließe, zuhause zu bleiben. Ich möchte mir ein paar Stunden Ruhe gönnen. Aber kaum bin ich allein, kommt mir ein starker, hochgewachsener junger Mann entgegen, der offenbar schon im Haus anwesend war, bevor meine Familie das Haus verlassen hat. Er sagt, er sei todmüde und müsse für eine Minute die Augen schließen. Schon wirft er sich auf das nächste Bett und schläft sofort ein. Da das Zimmer hell erleuchtet ist, beschließe ich, das Licht auszuschalten, damit er sich besser ausruhen kann. Dabei fällt mir auf, dass der Lichtschalter sehr abgenutzt aussieht – und ich bemerke auch, dass neben dem Bett noch eine Bettlampe brennt. Vorsichtig, um den Mann nicht zu wecken, lösche ich auch noch dieses vermeintlich störende Licht.

Für mich stellt das Haus die Lebenseinheit dar, die mit dem verkörperten Menschen gleichgesetzt werden kann. Der Traum deutet darauf hin, dass dort im Verborgenen neben dem Hausbesitzer noch jemand wohnt, der sich hier als ein todmüder junger Mann zeigt. Den vermeintlichen Hausbesitzer können wir als ein Symbol für das Ego oder die Persönlichkeit des modernen Menschen betrachten, der permanent im grellen Licht des Verstandes lebt, fühlt und denkt – sogar dann noch, wenn er einige Stunden in Stille verbringen möchte.

Ich möchte jedoch klarstellen, dass ich in Bezug auf das Ego keinerlei Vorbehalte habe, im Gegenteil: Ich betrachte die Persönlichkeit als einen Aspekt der menschlichen Identität, die während unserer Verkörperung auf Erden unentbehrlich ist. Idealerweise sollte das Ego dem Menschen dienen, indem es diesem hilft, sich innerhalb der gesellschaftlichen Strukturen und möglicher Umwälzungen zurechtzufinden. Das Ego ist ein Kind der Seele, das mit den in der gegebenen Kultur angesammelten Erfahrungen wächst.

Der todmüde junge Mann stellt das persönliche Elementarwesen des Menschen dar, der unter dem grellen Licht des menschlichen Verstandes grauenhaft leidet. Dieses Leiden wird nicht gesehen, bis es so unerträglich wird, dass es den Menschen in Form einer weltweiten, oft sogar tödlichen Erkrankung ereilt – ich meine die sogenannte Covid- Pandemie. Es wird uns gezeigt, dass wir – solange wir in unserem egozentrischen Bewusstsein feststecken – trotz all der hochentwickelten pharmazeutischen Technologien Probleme haben, wieder zu gesunden.

Der Akt des Träumers, das grelle Licht auszuschalten, ist der erste notwendige Schritt, um wieder in einen binären Rhythmus zu gelangen, der die Persönlichkeit und das persönliche Elementarwesen während der Zeitspanne eines menschlichen Lebens zum gemeinsamen Tanz einlädt. Nach und nach werden wir uns der Notwendigkeit bewusst, dass die Sequenzen unseres mit dem Verstand belegten Bewusstseins durch Phasen der inneren Versenkung oder noch besser durch Bewusstwerdung der Liebesfelder in der Natur und Landschaft ausgeglichen werden müssen. Die Nacht, die vom Einfluss des Mondes und von Traumgeschichten geprägt ist, sollte genauso wichtig genommen werden wie die Aktivitäten des hellen Tags.

Aber vergessen wir nicht die zweite Lampe, die neben dem Bett steht und ebenfalls vom Träumer ausgeschaltet wird, damit das persönliche Elementarwesen zu seiner vollen Daseinsform zurückfinden kann. Welche Bedeutung kommt diesem Akt zu? Durch das Auslöschen der Bettlampe wird auf eine zweite Problematik in der Beziehung zwischen dem Menschenwesen und »seinem« Elementarwesen hingewiesen. Da eine Bettlampe den Kopf des Schlafenden beleuchtet und möglicherweise seinen Schlaf stört, können wir die Störung im mentalen Bereich des zeitgenössischen Menschen suchen.

Wenn ich ehrlich bin, betrifft die Kritik unter anderen auch mich. Wir haben in den letzten Jahrzehnten relativ viel Wissen über die elementare Welt und ihre subtilen Wesenheiten angehäuft, sogar über das persönliche Elementarwesen. Es ist wahr, wir haben auch in Gruppen viel geübt, um die Elementarwesen verschiedener Elemente wahrzunehmen. Aber jetzt geht es noch um etwas anderes. Es geht darum, dass wir uns als Menschenwesen gemeinsam mit dem Elementarwesen – Hand in Hand mit ihnen – den Herausforderungen des dritten Jahrtausends stellen. Beim Überschreiten der Schwelle zum neuen Millennium sind wir in einen komplizierten Wirbel der Weltumstände geraten, die wir ohne eine innige Gemeinschaft mit dem persönlichen Elementarwesen nur schwer meistern werden.

Mit dem Begriff einer »innigen Gemeinschaft« will ich zum Ausdruck bringen, dass es nötig ist, die mentalen Grenzen abzubauen, mit deren Hilfe das Menschenwesen eine scharfe Distanz zum »eigenen« Elementarwesen aufrechterhält, aus Angst, eine Wesenheit fremder Art könnte sein »Ich« erobern. Diese unterschwellige Angst verhindert, dass sich eine ehrliche und liebende Beziehung zwischen beiden Partnern, die im selben »Haus« wohnen, entwickeln kann. Allerdings ist diese Angst unsinnig. Ein Elementarwesen ist keine »andere Person«, sondern ein holographisches Teilstück von Gaia, ein reiner Ausdruck ihrer Liebe und Fürsorge für das von ihr geliebte Menschenwesen.

Wenn ich diesem Gedankengang folge und in mein Inneres hineinspüre, empfinde ich, wie die liebende Hand Gaias die Organe meines Körpers liebevoll berührt und ihre urbildlichen Formen streichelt – wobei die vielen Hände (meines inneren) Elementarwesens benutzt werden. Es fühlt sich ähnlich an wie mein Streicheln der vorbeieilenden Landschaften, als ich mit der Bahn nach Slowenien fuhr – nur dass dieses Mal ich selbst innerlich liebkost werde. Das elementare Herz, positioniert am unteren Ende des Brustbeins, ist das Organ, das diesen intimen Austausch ermöglicht.

Damit der Mensch an den Liebesbeziehungen seiner Mitwelt teilnehmen kann, gibt es beim elementaren Herzen des Menschen zwei Portale oder Tore. Das eine Portal liegt im Rückenbereich auf Höhe des Kreuzbeins und befähigt uns dazu, die Liebesimpulse aus den umgebenden Liebeskraftfeldern einzuatmen. Das Portal auf der Vorderseite des Körpers auf der Höhe des Plexus dient dazu, das durch die menschlichen Gaben bereicherte »Anwa« in Richtung der Mitwelt auszugießen. Werden diese zwei Tore geöffnet, können die Menschen zum Segen für ihre Mitwelt werden, und gleichzeitig werden sie selbst von den Liebesfeldern der Natur und ihrer Wesenheiten gesegnet.

Kapitel 6

Das einheitliche Liebesfeld der Menschheit

Bislang haben wir uns auf unserem Weg, mehr über die Kernkraft des menschlichen Herzens zu erfahren, in einem Bereich bewegt, wo das menschliche Wesen vollständig in die Kraft- und Liebesfelder der Erde und ihrer Wesenheiten eingegliedert ist. Aufgrund der besonderen Funktion unseres elementaren Herzens sind wir auf jener Ebene in unserer individuellen Rolle in die vielfältige Gemeinschaft all jener Wesenheiten eingebettet, die mit uns die verkörperte Ebene der Erde bewohnen und darin schöpferisch tätig sind.

Nun sind wir an der Schwelle eines anderen Bereichs in der Ganzheit (im Holon) des irdischen Herzsystems angelangt, das speziell dem menschlichen Wesen eigen ist. Das heißt jedoch nicht, dass es sich hier um einen Bereich handelt, der von anderen Wesenheiten und Sphären des irdischen Universums vollkommen abgegrenzt wäre. Es geht vielmehr um die essenzielle Eigenart des Menschseins, um seine Herzaspekte, die genau das ermöglichen und unterstützen, was den Menschen erst zum Menschen macht.

Als erstes sollten wir uns vergegenwärtigen, dass wir Menschen eine Art Amphibie sind: Wir existieren in zwei vollkommen unterschiedlichen Daseinsformen. Unser menschliches Dasein entwickelt sich in zwei unterschiedlichen Sphären des irdischen Universums und pendelt zwischen diesen beiden Ebenen hin und her.

Eine gewisse Zeitspanne leben wir in der sogenannten Sphäre der Ahnen, die gleichzeitig unsere Nachkommen sind. Wir bezeichnen diese Sphäre auch als die geistige Welt, da wir dort in einer subtilen seelisch-geistigen Daseinsform existieren. Das bedeutet nicht, dass wir dort als körperlose Geister herumschweben, denn meiner Erfahrungen nach sind Menschen in der geistigen Phase ihrer Existenz genauso aktiv wie in der durch die Materie verkörperten Sphäre. Bei meinen geomantischen

Untersuchungen gewisser Orte in den Natur- oder Stadtlandschaften finde ich oft sogenannte Seelenpfade, entlang derer sich die Seelen aus dem Jenseits bewegen, um bestimmte auserwählte Orte zu besuchen. Sie sind interessiert daran zu erfahren, welche Informationen an bestimmten Orten in den ätherischen Schichten gespeichert sind. Manchmal haben sie es sich auch zur Aufgabe gemacht, die verkörperten Besucher solcher Orte mit der Weisheit und dem Wissen zu inspirieren, die dort verankert sind.

In der nächsten Phase wird die Menschenseele in die manifeste Welt hineingeboren, unter anderem um zu lernen, die geistig-seelischen Werte und Qualitäten unter den Bedingungen der Materie zu verkörpern und zu leben. In dieser Phase der materiellen Verkörperung ist es besonders herausfordernd, die Verbindung mit dem eigenen Seelenaspekt nicht zu verlieren. Die Faszination der materialisierten Welt und die Fülle der Aufgaben, die Menschen hier vorfinden, bewirken ein Verblassen der Sphäre der geistigen Welt, so dass wir sie fast oder sogar ganz vergessen.

Diese Entwicklung wird noch von religiösen und wissenschaftlichen Dogmen vorangetrieben, indem sie Vorstellungsmuster produzieren, die die beiden Weltsphären voneinander trennen oder sogar eine Existenz der Sphäre der Ahnen und Nachkommen leugnen. Auf diese Weise verbreitert sich die Kluft zwischen den beiden Sphären unserer Existenz, was letztlich zum Verlust der ganzheitlichen Identität beim modernen Individuum führt. Der Mensch zerbricht in zwei Teile, die nach der Matrix des Menschseins unwiderruflich zusammengehören.

Fragen wir uns also, ob das Herz, dieses unermüdlich schlagende Organ, das als Symbol für die allverbindende Liebe steht, uns helfen könnte, diese tragische Kluft zwischen den beiden Teilen unseres Menschseins zu überbrücken.

Ein Bruchstück des Paradieses

Schon in meinem Buch »Universum des menschlichen Körpers« habe ich mich bemüht, das Konzept des Herzraums wesentlich zu erweitern. Doch offenbar war die Zeit vor einigen Jahren noch nicht reif, um den Sprung auf eine wirklich ganzheitliche Ebene zu vollziehen. Damals war es mir nur möglich, das allgemein bekannte Herzzentrum um einige Aspekte zu erweitern, besonders um die Dimension seines rückwärtigen Aspektes.

Eine völlig neue Ebene des Herzsystems wurde mir erst durch einen Traum vom 15. März 2021 angedeutet:

Ich besuche meinen schon vor zwei Jahrzehnten verstorbenen Freund Austin, der als britischer Diplomat bei der UNO in Genf diente. In einem seiner Zimmer entdecke ich eine an die Wand gelehnte Komposition, die an drei spitze Zungen erinnert. Die »Zungen« bestehen aus feinen Sandkörnchen, und auf jeder ihrer Spitzen steht ein schwarzer quadratischer Würfel. Alle drei Würfel befinden sich auf gleicher Höhe und sind ihrer Form nach identisch. An ihrer Vorderseite befindet sich ein rundes Loch, aus dem ein ganz besonderes Licht erstrahlt. Die Farbe des Lichts ist golden, durchdrungen mit einem silbrigen Ton, als ob das Sonnen- und Mondlicht darin vereint seien. Ich empfinde die drei Lichtstrahlen als Ausdruck einer Herzensqualität, die mir unbekannt ist. Ich bin dermaßen entzückt, dass ich Austin frage, ob ich den rechten der drei Würfel mitnehmen darf.

Während ich in den folgenden Tagen über den Traum nachdachte, konnte ich zwei der drei Quellen des bislang unbekannten Herzlichts ausmachen: den linken Herzmuskel und das Herzzentrum in der Körpermitte. Aber es waren drei Würfel. Gibt es auf der rechten Seite des Brustkorbs irgendetwas, was als Anhaltspunkt für den dritten Würfel dienen könnte? Auf der manifesten Ebene gibt es dort nichts, was ich mit einem Herzaspekt identifizieren könnte. Und doch habe ich mir im Traum gewünscht, genau den rechten Würfel mitzunehmen.

Das Geheimnis der rechten Herzlichtquelle konnte ich erst während meiner geomantischen Werkstatt im Ruhrgebiet im Herbst desselben Jahres lüften. Ich möchte vorausschicken, dass ich aufgrund der vielen Werkstätten, die ich in den Landschaften zwischen Köln, dem Ruhrgebiet, und dem Sauerland durchführte, dieses Gebiet Deutschlands sehr gut kenne und als den Herzbereich von Europa identifizieren konnte. Es liegt bildlich gesprochen auf der Linie der Wirbelsäule des Europäischen Kontinents, die sich vibrierend zwischen Kreta im Süden und Island im Norden erstreckt.

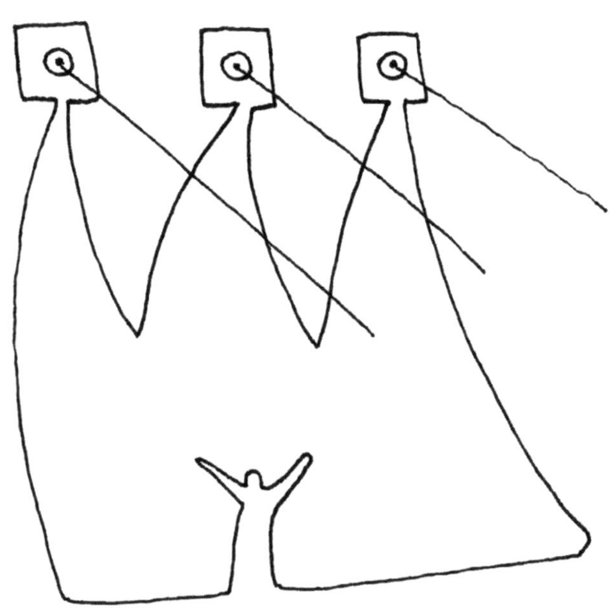

Ich bin entzückt über den Anblick der drei Quellen der Herzkraft.

Deswegen ist es kein Zufall, dass ich den Schlüssel für das Geheimnis des rechten Herzzentrums ausgerechnet in Herne im Ruhrgebiet fand. (Das Ruhrgebiet war ein energetisch außergewöhnlich strahlendes Land, bevor die ganzen Schichten der Schwarzkohle ausgebuddelt wurden. Die Qualität der Schwarzkohle gleicht der eines Diamanten.)

Was ich dort fand, kam mir zuerst vor wie ein holographisches Teilstück des Paradieses und erinnerte mich an die biblische Geschichte der Vertreibung aus dem Paradies. Als wir als Menschheit die paradiesische Qualität unserer Gemeinschaft auf Erden verlassen mussten, durfte jedes Individuum ein winziges Bruchstück der Qualität des Paradieses mitnehmen. Seitdem tragen wir das Fraktal des Paradieses auf der rechten Seite der Brust – genau gegenüber dem Herzmuskel; es dient uns als ein Wegweiser, damit wir uns auf dem schwierigen Weg durch das patriarchale Zeitalter nicht verlieren. Denn am Ende unseres Weges sollten wir sicher in einem neuen Paradies ankommen, das ich »Gaiakultur« nenne – siehe dazu mein Buch »Die Gaiakultur erschaffen«.

Verschiedene religiöse Überlieferungen sprechen vom Paradies als einer längst vergangenen Existenzform der menschlichen Gemeinschaft, als wir in Harmonie mit der Erde und allen Naturwesenheiten lebten. Das bezieht sich wohl auf das neolithische Zeitalter der Göttin vor dem Einfall der patriarchalisch organisierten Völker in das neolithische Europa ab dem dritten Jahrtausend vor unserer Zeitrechnung. Anthropologen konnten jedoch anhand von Feldforschungen beweisen, dass es auch in unserer Zeit noch Völker auf der Erde gibt, die nach paradiesischen Gesetzmäßigkeiten miteinander leben. Sie stehen einander uneingeschränkt bei und sorgen für einen harmonischen Umgang mit den Naturwesenheiten ihrer Mitwelt. Statt sich in Kriegen zu bekämpfen, haben sie verschiedene Formen der rituellen Auseinandersetzung entwickelt. Genau da wollen wir doch hin, indem wir uns auf die neue Bewusstseinsebene einstimmen, die durch die gegenwärtige Erd- und Menschenwandlung zustandekommt!

Das Fraktal des Herzens der Menschheit in mir

Wenn ich zum Traum von den drei quadratischen Würfeln der Herzkraft zurückkehre, muss ich gestehen, dass ich das Bruchstück der paradiesischen Qualität auf der rechten Brustseite verglichen mit den anderen zwei Herzkraftzentren als gleichwertig empfinde. Es geht dabei nicht nur um den Fokus einer bestimmten Qualität, sondern auch um den Ausgießungspunkt einer ganz bestimmten Herzkraft. Liegt solch eine Liebesquelle tatsächlich auf der rechten Seite unseres Brustkorbs?

Um bei der Beantwortung dieser Frage weiterzukommen, sollten wir berücksichtigen, dass wir es bei den drei Herzkraftquellen mit verschiedenen Ebenen zu tun haben. Die auf der linken Seite ist einem Muskel zugeordnet, steht also in direkter Beziehung zur manifesten Ebene. Beim Herzzentrum in der Mitte handelt es sich eher um ein ätherisches Phänomen. Besteht das rechte Herz vielleicht »nur« als ein Hologramm im Wasser? Nach den Erkenntnissen aus dem Kapitel zur wässrigen Erdsphäre sollten alle drei Herzen als ein Wasserphänomen verstanden werden, nur dass die ersten beiden zusätzlich auch noch entweder auf der physischen oder auf der ätherisch wahrnehmbaren Ebene existieren.

An diesem Punkt wäre ich hängengeblieben, hätte meine Tochter Ana nicht im selben Jahr 2021 ein Buch geschrieben mit dem Titel »Menschsein im Jetzt«, das aufgrund einer seelischen Einstimmung und eines telepathischen Dialogs mit ihrer vor zehn Jahren verstorbenen Schwester Ajra zustande kam. Was mich beim Lesen des Buchs besonders berührte, war die Entschlossenheit, mit der Ajra kundtat, dass die beiden Hälften der Menschheit – die eine verkörpert im Diesseits und die andere lebendig im Jenseits – unwiderruflich zusammengehören und eine Einheit bilden. Ihre Botschaft ist, dass wir nur gemeinsam als gesamte Menschheit den Sinn unserer Existenz im Kosmos erfüllen können.

Das führte bei mir zu der Erkenntnis und Einsicht, dass unsere vergessene Einheit in unserem gemeinsamen Megaherzen verankert ist, von dem jedes einzelne Individuum der menschlichen Gemeinschaft – ob nun auf der manifesten oder geistig-seelischen Ebene anwesend – einen Teil in der Brust trägt. Es ist das Fraktal des gemeinsamen Megaherzens der Menschheit, das bei jeder und jedem von uns auf der rechten Brustseite pulsiert.

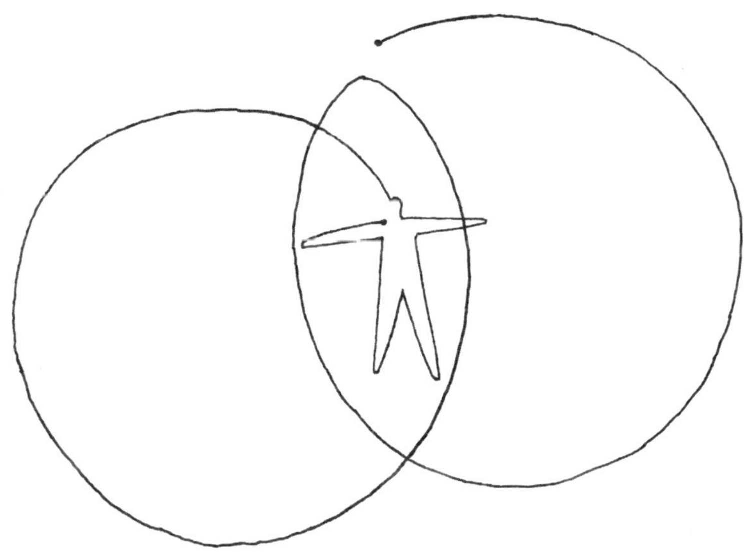

Der Mensch ist in zwei Lebenssphären daheim.

Nach dem holographischen Prinzip folgt daraus, dass wir alle durch die Vermittlung des Teilstückes des Paradieses ununterbrochen in Gemeinschaft mit dem Gesamtherzen der Menschheit vibrieren. Ich bin mir sicher, dass all die Feindschaften verbunden mit gegenseitigen Plünderungen, die die gegenwärtige Menschengemeinschaft charakterisieren, in dem Moment von uns abfallen würden, wenn wir uns der Tatsache bewusstwürden, dass wir an einem gemeinsamen Herzfeld Anteil haben. Die Liebe würde siegen.

Leider sind wir noch weit davon entfernt! Als erstes gilt es, die schon erwähnten Grenzen abzubauen, die verhindern, dass sich die beiden Sphären der im Körper und der im Seelengewand lebenden Menschen als eine liebevolle Gemeinschaft erleben können. Die Schwelle des Todes wird von den Kräften, die gegen die Erd- und Menschenwandlung wirken, dazu benutzt, um die ursprüngliche Gemeinschaft der beiden Sphären zu leugnen, um uns, die wir auf der verkörperten Ebene existieren, leichter in die Irre führen zu können. Ich erlebe diese von Vorurteilen des Verstandes und religiösen Dogmen bewachten Grenzen als etwas, das sich wie ein Schwert durch unsere Herzen bohrt.

Um diese Grenzen aufzubrechen, sollten wir neue telepathische, imaginative und rituelle Formen der Kommunikation mit der Anderswelt entwickeln – und dafür die erneuerte Sensibilität der Menschen pflegen. Die zur Zeit auf die äußeren Wahrnehmungsorgane beschränkte Wahrnehmung reicht dafür nicht aus.

Kapitel 7
Das organische Herz ist eine Schatzkammer

Wenn wir uns nun von der rechten zur linken Seite unseres Brustraums begeben, kommen wir an die Schwelle des kostbaren Herzmuskels. Solange dieses Herz rhythmisch schlägt, können wir unsere Verkörperung auf Erden genießen.

Um die Schwelle überschreiten zu können und zu den Hintergrundebenen des organischen Herzens zu gelangen, müssen wir auf die Traumbilder zurückkommen, die sich in der Genfer Wohnung meines verstorbenen Freundes Austin abspielten. Wie schon oben erwähnt, wurde mir dort eine neue bislang im kausalen Hintergrund des Herzraums gehütete – Komposition der drei Herzzentren vorgestellt, die im Brustraum des Menschen horizontal angeordnet sind. Alle drei Herzen erschienen mir auf der symbolischen Ebene als schwarze Kästchen mit runden Öffnungen, aus denen ein intensiv schönes Licht erstrahlte. Beim Anblick dieser dreifachen Komposition erkenne ich sofort, dass ich vor einer mir bislang unbekannten Reihe von drei Liebesquellen stehe. Dazu ergeben sich allerdings drei Fragen, die bislang noch nicht beantwortet wurden:

- Was bedeuten die drei Zungen, auf deren Spitzen die drei Liebesquellen positioniert sind?
- Wofür steht der Sand, aus dem die drei Zungen zusammengesetzt sind?
- Wofür stehen die drei schwarzen Kästchen, durch deren Öffnungen das starke Liebeslicht erstrahlt?

Ein Aspekt des Drachenherzens

Als ich einige Monate zuvor mit der Bahn von Ljubljana ins Ruhrgebiet reiste, um im Bereich zwischen Köln, Herne und Berlin den erwähnten Vortragszyklus zu halten, kombiniert mit einigen geomantischen Werkstätten, fuhren wir den Rhein entlang. Wie ich schon vorher im Zusammenhang mit meiner telepathischen Beziehung zur Landschaft erzählt habe, streichelte und liebkoste ich den Rhein hie und da während der Zugfahrt. Da geschah es, dass sich vor meinem inneren Auge plötzlich der Fluss auftat und mir einen Einblick in seinen Wasserkörper gewährte: Ich konnte in den Urgrund der Schöpfung hineinschauen, dorthin, wo die Drachen beheimatet sind.

Im Einklang mit unzähligen Volksüberlieferungen halte ich die Drachen für ein Symbol der Kräfte, die die ganze universelle Schöpfung in einer dynamischen Bewegung und ständigen Erneuerung halten. Ich vergleiche sie mit der Atomkraft, die in jedem kleinsten Teilchen der Materie sitzt und – wenn nicht industriell abgebaut und missbräuchlich ihrer Energie beraubt – in der Stille sowohl die Entfaltung des Universums vorantreibt als auch nach dem zyklischen Prinzip wieder abbauen lässt. Aufgrund meiner geomantischen Erfahrungen erlebe ich Drachen als gewaltige und mächtige Wesenheiten. Allerdings hat die Angst vor ihrer Urkraft dazu geführt, dass sie in Mythen und Legenden als furchteinflößende Reptilien dargestellt werden. Für mich ähneln sie jedoch Titanen, die fähig sind, mit der Weisheit eines liebenden Herzens die Schöpfungspläne ihrer Mutter Gaia in die Tat umzusetzen.

Durch die Offenbarung, die der Rhein mir gewährte, ist mir nun klar: Die dreigeteilte Zunge aus meinem Traum, die die Liebeskraft der drei Herzen aufrechterhält und ernährt, steht für die Drachenkraft, die urschöpferische Kraft der Erde und des Universums. Und der feine Sand, mit dem die Drachenzunge in meinem Traum gestaltet wurde, symbolisiert die unsere Verstandeslogik übersteigende Tatsache, dass die Drachen in der Hierarchie der kosmischen Schöpfung so hoch stehen, dass ihr Körper nicht nur in jedem Atom des Universums anwesend ist, sondern sie auch gleichzeitig als vollkommen abgerundete und bewusste Wesenheiten die Weite der Unendlichkeit bewohnen.

Der weibliche Drache – die »Drachin« der Ukraine

Wenn der feine Sand aus meinem Traum symbolisch für die Drachenkraft – oder auch für die Atomkraft des Universums – steht, wo könnte ich dann im Herzmuskel des Menschen die gewaltige Herzenskraft der Drachen finden, die doch fähig sein sollte, die Kraft der Liebe, die aus dem menschlichen Herzen fließt, tausendmal zu verstärken? Wieso sind die Herzen der Menschen in ihrer Liebesausstrahlung so schwach, dass wir den erbarmungslos tobenden Kriegen um uns herum machtlos zuschauen müssen? Die Antwort auf diese Fragen können wir in den drei schwarzen Kästchen finden, aus denen in meinem Traum das intensive Licht der Liebe erstrahlt.

In der vom Verstand dominierten Epoche der Menschheitsentwicklung, die auf der kosmischen Ebene bereits der Vergangenheit zugeschrieben wird, wirkten die drei Kästchen als Transformatoren, die die Intensität der von der Drachenzunge aufsteigenden Urkraft gedämmt und verengt haben, damit sie für die gegenwärtige Menschheit und für die moderne Zivilisation erträglich wird. Die Funktion der drei schwarzen Transformatoren bestand in einer Abschwächung der Urkraft, die es den vom Verstand dominierten Menschen ermöglichte, ihr halbbewusstes Dasein ohne Störung fortzusetzen. Die Verminderung der Resonanz zwischen dem menschlichen Herzen und dem Drachenherzen spielt besonders den Mächten in die Hände, die verhindern wollen, dass die Menschen zu ihrer wahren Schöpfer- und Liebeskraft erwachen.

Ganz anders verhält es sich mit den Liebesstrahlen, die in meinem Traum aus den drei Kästchen herausstrahlen; bei ihnen können wir keinerlei Abschwächung erkennen! War es doch gerade ihre strahlende Intensität, die mich dazu inspiriert hat, dieses Buch zu schreiben, um meinen Mitmenschen voller Freude zu verkünden, dass die volle Liebeskraft des menschlichen Herzens dabei ist, aufzuwachen und die ungünstigen Weltentwicklungen umzuwandeln. Hier ist etwas wesentlich Neues in Gang gekommen.

Meiner Einsicht nach wird die Kontrolle der zur Herzebene aufsteigenden Drachenkraft im Prozess der Erd- und Menschenwandlung nach und nach aufgegeben. Darin sehe ich die wohlwollende Wirkung des persönlichen Elementarwesens, das auf die Anweisungen von Gaia (bezüglich der Wandlungsprozesse auf Erden) eingestimmt ist. Andererseits ist dieser Prozess mit den Quellen der Drachenkraft verbunden, die sich beim Menschen im Bauchraum befindet, manifestiert durch geschätzt mehrere tausend Milliarden von Mikroorganismen, die dort leben und wirken. Diese hilfreiche Mitwirkung des persönlichen Elementarwesens befähigt die aufsteigende Drachenkraft, die drei Quellen der Liebe im Herzraum des Menschen zu erreichen und mit ihrer gewaltigen Urkraft zu nähren. Sie werden dadurch in ihre neue Rolle initiiert, die durch eine unbeschreiblich starke Wandlungskraft gekennzeichnet ist.

Zum Thema des Herzmuskels zurückkehrend, können wir sagen: Im kausalen Hintergrund des Herzmuskels schwingt die Intelligenz und Lebenskraft der Drachenwelt. Deshalb ist es kein Zufall, dass der Herzmuskel die unbeschreiblich tiefe Weisheit und Kraft der Liebe symbolisiert, auf die das uns bekannte Herzsymbol hinweist, das wir zwar oft im öffentlichen und medialen Raum zu sehen bekommen, das aber nur selten verwirklicht wird.

Die individuelle Matrix erklingt im Herzmuskel

Ist es also folgerichtig zu behaupten, dass unser Herzmuskel in seinem kausalen Hintergrund die individuelle Matrix jedes einzelnen Menschenwesens trägt, da er sich doch im Gegensatz zum Fraktal des gemeinsamen Herzens der Menschheit auf der entgegengesetzten Seite der Brust befindet? Das Individuelle und das Gemeinsame kommen uns zwar wie Gegensätze vor, doch sollten wir dabei eines nicht vergessen: Bei Fragen, die das Herz und die Liebe betreffen, befinden wir uns auf einer Ebene, auf der die herkömmliche Verstandeslogik versagt. Nach der Logik des Herzens lassen sich jedoch scheinbare Gegensätze zu synergetischen Lösungen zusammenführen.

Ich gehe davon aus, dass die im organischen Herzen fokussierte Matrix des individuellen Menschen im Vergleich zum gemeinsamen Herzen der Menschheit die ältere ist. Bevor wir uns als individuelle geistige Seelen dazu entschlossen haben, uns zu der Gemeinschaft zusammenzuschließen, die wir Menschheit nennen, wandelten wir auf individuellen Pfaden durch das Universum, um nach Gelegenheiten Ausschau zu halten, wie wir uns geistig und körperlich weiterentwickeln könnten. Während wir so alle auf unseren individuellen Wegen durch das Universum streiften, hörten wir den Ruf und die Einladung der Erde/Gaia, sich ihr zu nähern und ihrem Entwicklungsvorhaben anzuschließen.

Ihre Absicht, die komplexen Geistesqualitäten in der Materie zum Ausdruck zu bringen, stieß bei vielen von uns, die wir im Kosmos auf der Suche waren, auf Interesse. Es erschien sinnvoll, sich einer Erde anzuschließen, die ihrem eigenen Plan folgend schon weit fortgeschritten war. Gaia konnte schon paradiesische Landschaften mit Bergen und Seen, mit rauschenden Wäldern und einer Vielfalt von Tieren vorweisen. Sie wollte ihre Schöpfung weiterentwickeln und hielt Ausschau nach Wesenheiten, die im Bereich des Bewusstseins relativ hoch entwickelt waren, um die Entwicklung einer neuen Kulturebene auf Erden voranzubringen.

Das hörte sich nach einer Idee mit einem visionären Beiklang an, einzigartig in unserem Universum. Viele von uns Suchenden waren davon begeistert, und so schlossen wir uns zu einer großen Schar zusammen und handelten mit Gaia einen geistigen Vertrag aus. Wir versprachen Gaia, sie im Einklang mit ihren elementaren und kausalen Welten bei der beabsichtigten Kulturentwicklung auf Erden zu unterstützen. Dafür bekamen wir als Gegenleistung die Möglichkeit, unsere individuelle Weiterentwicklung mit der Hilfe der elementaren Wesenheiten und Kräfte auf Erden zu vollziehen.

Ich vermute, Gaia und ihre elementaren Welten sind besonders interessiert an der Verschiedenartigkeit unserer individuellen Urbilder. Unsere vielfältige menschliche Gemeinschaft entspringt verschiedenen Sternensystemen und Evolutionen des Universums und kann daher die unterschiedlichsten Erfahrungen und Qualitäten auf der Erde einbringen. Das sind genau die richtigen Voraussetzungen, um eine kulturelle Vielfalt auf der Erde entstehen zu lassen, die aber nicht einfach zu handhaben ist, wie die Gegenwart und auch die Geschichte unserer Zivilisation bezeugen. In diesem Prozess sind die individuellen Beiträge aller gefordert, die auf der kausalen Ebene unseres Herzmuskels verankert sind.

Der kausale Hintergrund des organischen Herzens erscheint in meiner Imagination in einer Form, die einem schneeweißen Tropfen ähnelt. Das Herz ist vollkommen darin eingetaucht. Ich würde diesen »Tropfen« mit der sogenannten »fünften Herzkammer« gleichsetzen, über die in letzter

Zeit in neueren Forschungen berichtet wurde. Danach sollen von dieser »fünften Herzkammer« immer wieder elektrische Impulse ausgehen, die unser Herz befähigen, rhythmisch zu schlagen und unseren Körper zu beleben. Wenn dieser Impuls ausbleibt, ist das Leben auf der irdischen Ebene vorbei. Meine Erkenntnis und Einsicht in Bezug auf die Imagination des schneeweißen Tropfens bezieht sich jedoch auf die kausale Dimension der fünften Herzkammer, die ich als einen Raum betrachte, in dem die seelisch-geistige Identität eines jeden Individuums verankert ist. Die alten Ägypter sprachen in diesem Zusammenhang von »Id« – als der wichtigsten Schatzkammer des menschlichen Wesens.

Was mir bei der erwähnten Imagination Sorgen bereitet, sind einige dunkle Fäden, die diesen weißen Tropfen, der die Information der menschlichen Matrix enthält, fest an den Boden binden. Damit die kosmischen Qualitäten, die jedes einzelne Individuum auf die Erde bringt, schöpferisch und für das Wohl aller Wesenheiten des Lebens und des Lichts wirken können, müsste das im Herzen eingeschriebene Urbild frei von jenen Bindungen sein, die die menschliche Freiheit gefährden. Mir kommen diese Bindungen wie aufgepfropft vor, vermutlich seitens der Kräfte, die nicht wollen, dass die Menschen zum vollen Licht ihres Herzens erwachen.

In der Zeit um Ostern 2021, die der Offenbarung des neuen Herzsystems gewidmet war, erhielt ich folgenden Traum, der meine Vermutung bestätigte.

Zusammen mit meiner Frau habe ich bei einem mir unbekannten Mann übernachtet. Gerade sitzen wir am Frühstückstisch. Der Tisch hat die Form einer Mandorla, jener urbildlichen Form, die das Geburtstor symbolisiert. (Sie kommt zustande, wenn zwei Kreise sich überschneiden.) Auf dem Tisch steht alles, was ein reichhaltiges Frühstück ausmacht. Meine Frau und ich sitzen auf der rechten Seite der beiden Seitenbögen der Mandorla und der Gastgeber sitzt an der unteren Spitze, von der allerdings ein Stück abgesägt wurde, was mir seltsam vorkommt. Plötzlich ergreift der Mann die beiden Ecken der abgesägten Tischplatte – als ob er mir zeigen will, warum das Muttersymbol beschädigt wurde – und kippt sie mit den gesamten Frühstücksutensilien nach rechts, so dass alles in die Richtung unseres

Herzraumes rutscht und unsere Herzebene blockiert. Dabei sehe ich, dass der Tisch ein Gerüst mit vier Beinen hat, das immer noch fest auf dem Boden steht.

Der Traum bestätigt, dass die Kräfte, die nicht wollen, dass der Mensch zum vollen Licht seines Herzens erwacht, Methoden entwickelt haben, um die ego-bezogenen Tätigkeiten und Wunschbereiche der Menschen so aufzublähen, dass die Stimme ihres Herzens darunter verschwindet. Dem modernen Menschen stehen grenzenlos Möglichkeiten zur Verfügung, sich von seiner wahren Aufgabe abzulenken: Es gibt unzählige Sport- und Kulturtätigkeiten, Unmengen von Informationen und sogar vordergründig vorteilhafte Gelegenheiten, sich als Gangster zu versuchen oder seine Mitmenschen auszubeuten und zu unterdrücken – im persönlichen wie im politischen Sinne.

In der darauffolgenden Nacht erreichte mich ein zweiter Traum, der komplementär zum ersten einen positiven Gesichtspunkt darzustellen schien.

Von einem Frühstückstisch ist diesmal nichts zu sehen. Allerdings hat jetzt der ganze Raum die Form einer Mandorla angenommen und ist schön mit warmem Holz ausgekleidet. Auf der rechten Seite des Raums führt eine Stiege in einem Schwung und im Einklang mit der Mandorlaform des Raums zur Decke. Wie der gesamte Raum ist auch die Decke der Mandorlaform angepasst und mit einem Spiegel verkleidet. In diesem Spiegel zeigt sich eine tiefe Dimension des Erdinneren.

Den mandorlaförmigen Raum setze ich mit der oben erwähnten »fünften Herzkammer« gleich. Was mich beunruhigt, ist die Tatsache, dass die Kammer zwar perfekt ausgestaltet ist, aber leblos erscheint. Da fehlte das Wesentliche, was vom Herzen erwartet wird – die reich sprudelnde Liebeskraft. Ist die Einwirkung der im ersten Traumteil dargestellten Gegenkraft inzwischen so weit vorgedrungen, dass die Quelle der Liebeskraft im menschlichen Herzen essenziell bedroht ist? Dass das Problem auf einer tieferen Ebene wurzelt, wurde schon in der vorherigen Traumepisode durch die Erwähnung eines Tischgerüsts mit vier Beinen angedeutet, … *das immer noch fest auf dem Boden steht.*

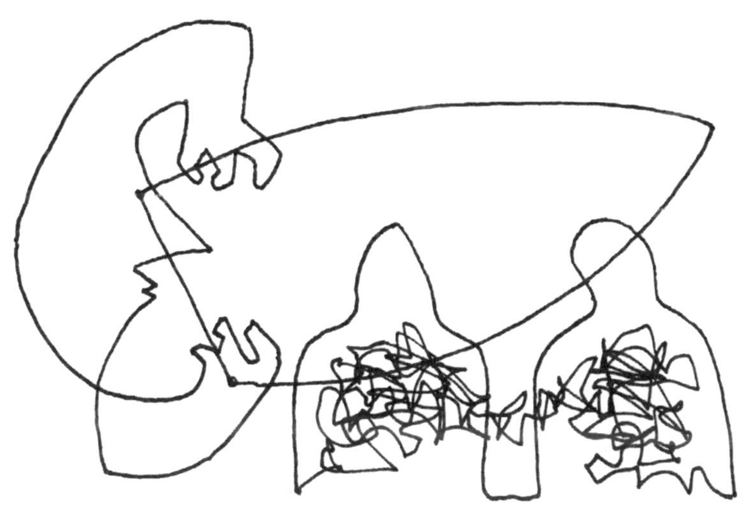

Das gefährliche Frühstück

Um herauszufinden, was mit der Liebesquelle im menschlichen Herzen geschieht, wollte ich mich fast ein Jahr später – beim Schreiben dieser Zeilen – erneut in die fünfte Kammer aus meinem Traum begeben. In meiner Imagination muss ich zu meiner Bestürzung feststellen, dass ich die Kammer nicht betreten kann, weil sich um sie herum eine ölige Flüssigkeit ausgebreitet hat, die mir bis zu den Knöcheln reicht und mich daran hindert, die Tür zu öffnen. Ich verstehe das Bild so, dass die Gegenkraft zur Liebe zwar den Zugang zu unserem Liebesschatz blockieren, das Heiligtum selbst aber nicht zerstören kann, denn die Liebe ist eine Kraft, die sich den Methoden der Logik entzieht.

Nachdem ich jedoch diese Hürde mit der Hilfe meines elementaren Meisters beseitigt hatte, konnte ich die mandorlaförmige Kammer betreten. Dieses Mal wurde mir sofort klar, dass der Raum in Form der Mandorla das Heim des Lebens ist. Die Mandorla steht für das Tor, durch das das Leben geboren wird, und gleichzeitig für den Samen des Lebens. Als ich die Stiege nach oben nahm, die in einem Schwung im Einklang mit der Mandorlaform des Raums zur Decke führte, wurde ich des Spiegels gewahr, der ebenfalls in einer Mandorlaform die Decke der Kammer verkleidete. Dieses Mal konnte ich deutlich erkennen, was durch den Spiegel aus der Erdtiefe gespiegelt wurde. In jedem aufeinanderfolgenden Moment wurde der Liebesimpuls aus dem Herzen von Gaia reflektiert – genauer gesagt: Das Leben in der »fünften Herzkammer« wird in jedem Moment neu erschaffen, wodurch auch der »elektrische« Impuls zustande kommt, der zu den vier restlichen Herzkammern geleitet wird. Das Leben fließt weiter.

Ich musste die fünfte Kammer aus meinem Traum noch mehrmals imaginativ betreten, um zu begreifen, wie die individuelle Matrix des Menschen in diesem Geburtsprozess, der ununterbrochen abläuft, eingewoben ist. Letztlich konnte ich im oben erwähnten Spiegel erblicken, dass zusammen mit dem Liebesimpuls von Gaia auch das Urmuster des individuellen Menschen aus der Erinnerung der Erde geholt werden kann. Damit wird bestätigt, dass die individuelle Matrix im Gedächtnis von Gaia gespeichert ist und nie verlorengehen kann, auch wenn die meisten Menschen die kausalen Hintergründe ihres Seins ignorieren und die ihnen zugeteilte kostbare Lebenskraft an unnütze Dinge verschwenden. Ich bin davon überzeugt, dass die Matrix genau in dem Moment in die fünfte Kammer emporgehoben wird, wenn wir Menschen zu unserem wahren Selbst erwachen. Dann sind wir bereit, die Verwirklichung unserer Lebensaufgabe voranzubringen und den Vertrag, den wir mit Gaia geschlossen haben, zu erfüllen.

Verwandtschaft mit dem Herzen der Tiere

Ohne Zweifel haben wir den Herzmuskel wie viele andere Körperorgane in seiner organischen Form von den höher entwickelten Tieren geerbt. Hat diese Resonanz mit dem Tierherzen eine Bedeutung für das neu erwachende individuelle Herz des Menschen? Zu Beginn dieses Kapitels befassten wir uns mit dem Beitrag der Drachenkraft zur Ganzheit unseres individuellen Herzens, wie aber sieht der Beitrag des Tierreiches dazu aus?

Als ich mich auf diese Frage einstimme, bekomme ich als Antwort ein Bild, dass eher ein Problem anzeigt als eine Unterstützung für unseren Herzmuskel. Ich sehe mich selbst und stelle fest, dass mein Kopf in Stofffetzen eingewickelt ist, so dass von meinem Gesicht nichts mehr zu sehen ist. Alles, was es von mir gibt und atmet, ist hinter meinem Rücken versteckt. Diese unheimliche Erfahrung zeigt mir, dass die Resonanz mit dem Tierherzen etwas sehr Kostbares zum menschlichen Herz beitragen könnte, jedoch ihre Schwingung völlig gedämpft ist – das Stoffgewebe saugt die Schwingung komplett auf. Hier ist etwas vollkommen tabuisiert. Diese unglückliche Situation hat zweifellos mit der systematischen Unterdrückung des Tierreichs zu tun, die wir im Kapitel zu den Liebesfeldern in der Natur erstmals angesprochen haben.

Als ich meinen Kopf von den Stofffetzen befreie, stehe ich vor einem neuen Rätsel. Ich schaue in die Augen eines Widders mit sieben Hörnern. Aus seinen Augen strahlt eine so erhabene Weisheits- und Liebesqualität, dass ich in ihnen sofort die Präsenz des Christus erkenne. Ich bin tief berührt, jedoch nicht erstaunt, denn das Lamm – der junge Widder – mit den sieben Hörnern und sieben Augen ist mir nicht unbekannt. Mit diesem Bild habe ich mich bereits im dritten Teil meines Buchs »Die Gaiakultur erschaffen« auseinandergesetzt, in dem ich die Visionen der Apokalypse mit den heutigen Ereignissen an der Schwelle zur Erdwandlung vergleiche. Im berühmten Text zur Apokalypse wird Christus in der Gestalt des Lamms dargestellt, das die Befähigung besitzt, die sieben Siegel zum Buch der zukünftigen Erd- und Menschenwandlung zu öffnen. Christus in der Gestalt des Lamms initiiert das, was wir heute erleben.

Doch warum erscheint Christus in einer Tiergestalt? Mit dieser Frage stoßen wir auf ein zweites Glaubenstabu, durch das den Menschen, die an Christus als den jungen Herrscher im Himmel glauben, verborgen bleiben soll, dass Christus sein irdisches Gewand niemals abzulegen brauchte. Denn er konnte seine Verkörperung während der letzten zwei Jahrtausende auf eine Art und Weise weiterführen, die es ihm ermöglichte, im ganzen irdischen Universum präsent zu sein. Die Kraft der Liebe und die kosmische Weisheit, die vor zwei Millennien von den Menschen »Christus« genannt wurde, sind nun ein Teil des Erduniversums geworden und haben die Schöpfung von Gaia wesentlich bereichert.

Leider haben die Menschen und dementsprechend auch Glaubensinstitutionen exklusive religiöse Vorstellungen und Muster entwickelt, die Christus mit dem Konzept der sogenannten »Himmelfahrt« zurück ins Himmelreich projizierten. So wurde verhindert, dass all die erwähnten Kostbarkeiten – für die dieser Name und die dahinter atmende Präsenz stehen – unter den Menschen verankert werden konnten, damit sie uns beim gegenwärtigen Weg der Wandlung unterstützen.

Die vollständige Tabuisierung, die ich durch die »Verkleidung« meines Kopfes erlebt habe, gilt zwar für die menschliche Welt, aber nicht für die Natur und ihre Wesenheiten. Die Ausdehnungen der Naturreiche sind Christi Heimat auf Erden geworden. Die kosmischen Qualitäten und Kräfte, für die der Christus steht, sind ein Teil von »Anwa« geworden, der Kraft, die die Landschaften der Erde durchzieht. Die Menschen sollen nicht erfahren, dass Christus mit Pan identisch wurde, den die alten Griechen als den Gott der Natur und den Hüter der Tiere ansahen. Mit diesem Thema befasse ich mich ausführlich in meinem Buch »Erdweisheit und Christuskraft«.

Das Lamm mit sieben Hörnern und sieben Augen aus der Apokalypse ist inzwischen erwachsen geworden.

Da wir Menschen das Tierherz geerbt haben, das wir auf der linken Seite in unserer Brust tragen, besteht nun die fantastische Möglichkeit, unsere individuelle Liebeskraft und Weisheit mit der kosmischen Christuskraft und Christusliebe zu vereinen und gemeinsam mit dem Pan-Christus in der Welt zu wirken.

Kapitel 8
Das drei plus zwei Herzen System

Meine Entscheidung, mich der Kernkraft des menschlichen Herzens zu widmen, fiel kurz vor Ostern 2021 mitten in den Covid-19 Pandemien. Das war jenes Ostern, an dem mir auch schon die zu Beginn des Buches erzählten Träume geschenkt wurden, darunter der Traum von der zerschlagenen Erde aus bemaltem Beton – siehe das erste Kapitel. Zu dem Zeitpunkt besuchte ich ein Wasserheiligtum in Slowenien namens Klevevž, wo ein hüpfender Bach über eine Quelle von heißem Wassers fließt. Plötzlich bemerke ich, dass ich im Kreis von Megalithen stehe, die so alt wie die Erde selbst sind. Da vernehme ich eine klare Stimme: »Vor euch (in der nahen Zukunft) steht eine globale Herausforderung, die ihr nicht durchstehen könnt, ohne dass in euch jene Ausdehnung des Herzens geöffnet wird, die mit dem Licht der Sterne erstrahlt.«

Ich empfand diese Eingebung als dringende Inspiration, mich dem Quantensprung der liebenden Stärke des Herzsystems zu widmen, von dem ich nur andeutungsweise eine Ahnung hatte. Neun Tage später kam mir ein Traum zu Hilfe.

Es wird mir ein uriges Tongefäß gezeigt, das so aussieht, als ob es von Mutter Erde selbst zusammengeknetet und geformt sei. Auf dem Gefäß sehe ich drei vertikale Risse, die mir gleich den Gedanken eingeben: So ein Gefäß kann kein Wasser halten. Unterhalb und oberhalb der drei Risse ist eine horizontale Linie eingeritzt. Als das Gefäß dann mit Wasser gefüllt wird, bin ich sehr überrascht, dass trotz der drei relativ breiten Risse kein Wasser aus dem Gefäß herausfließt.

Indem ich mich in die Traumbilder vertiefte, wurde mir klar, dass mir mit Hilfe der drei vertikalen Risse und der zwei horizontalen Linien ein Model des sich gerade neu entwickelnden Herzsystems gezeigt wurde. Die drei vertikalen Risse setze ich mit den drei Herzzentren gleich, die auf einer horizontalen Ebene nebeneinander im Brustraum fokussiert sind: an der rechten Seite das Fraktal des gemeinsamen Herzens der menschlichen Familie und an der linken das organische Herz mit der Matrix der persönlichen Identität. In der Mitte der beiden ist das erneuerte Herzzentrum positioniert, dem wir uns noch widmen werden. Die untere Linie steht für das elementare Herz und die obere für das Feenherz – darüber werden wir noch sprechen.

Das Wasser der Liebe müsste eigentlich mit voller Kraft aus den drei Rissen des Gefäßes strömen, nachdem es in meinem Traum mit Wasser gefüllt wurde. Wieso fließt es nicht heraus? Mich auf diese Frage einstimmend, gehe ich der Antwort intuitiv nach. Dabei werde ich ausgehend von meinem vorderen Herzbereich in den Rückenraum geführt, der für die kausale Ebene der Schöpfung steht. Dort beobachte ich einen unendlichen, sich nach allen Seiten hin entfaltenden Tanz der Liebe. Ähnlich einem subtilen, jedoch starken Netzwerk von unzähligen Wasserläufen, sehe ich eine Fülle von Liebesbeziehungen durch den Kosmos fließen.

Aber dann bemerke ich, dass ich, indem ich mich den kosmischen Wasserläufen der Liebe öffne, von ihnen völlig überflutet werde, so dass ich zu ertrinken drohe. Panik ergreift mich. Ich verstehe nun, dass das Wasser der Liebe deshalb (noch) nicht durch die drei Risse hindurchfließen kann, weil wir noch nicht den Schlüssel gefunden haben, der es uns ermöglichen würde, den Fluss des Liebesstroms so auszubalancieren, dass die Menschen angesichts der sie überflutenden Liebesfülle nicht von Panik ergriffen werden.

Die heilende Ausbalancierung des erneuerten Herzsystems kann erst dann zustande kommen, wenn alle seine Zentren erkannt und funktionsfähig sind. In meinem Traum wurde das neue Herzsystem durch ein Tongefäß symbolisiert, das drei vertikale Risse hat, die oben und unten von einer Linie gekrönt beziehungsweise unterstrichen werden. Danach handelt es sich also nicht nur um drei, sondern um fünf Zentren. Bislang haben wir zwei von den drei vertikalen Rissen näher untersucht und beschrieben, außerdem den unteren Strich, der für das elementare Herz des Menschen steht. Wofür steht dann der obere Strich?

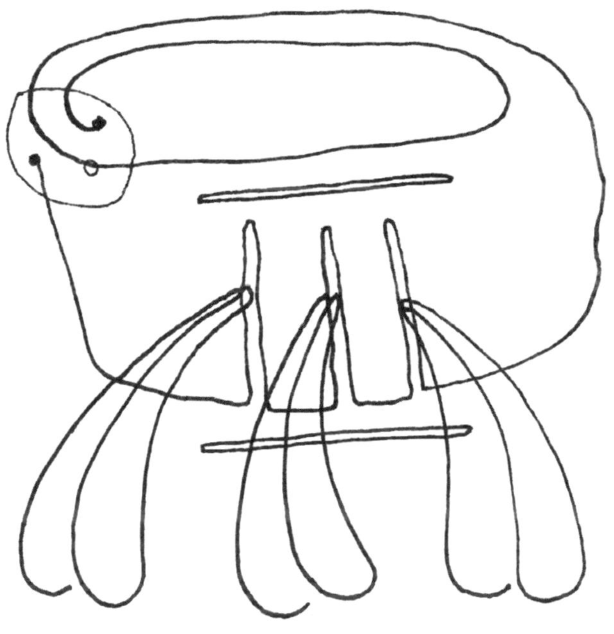

Das urige Gefäß mit den drei Rissen

Das Feenherz

Übertragen wir das Modell aus dem Traum mit den drei Rissen und zwei Linien, die mir auf dem urigen Gefäß gezeigt wurden, auf den menschlichen Brustraum, können wir den oberen Brennpunkt des neuen Herzsystems an der Schwelle zwischen dem Brustraum und der Kehle lokalisieren. (Eine schematische Darstellung des neu sich aufbauenden Herzsystems folgt im nächsten Kapitel.) Dort kann eine kleine runde Vertiefung ertastet werden, für die ich den Begriff »Feenherz« gefunden habe. Das Feenherz am oberen Ende des Brustbeins ist verwandt mit dem elementaren Herzen, das an seiner unteren Spitze pulsiert. Beide Zentren sind eng mit den Naturreichen von Gaia verbunden. Wie können ihre unterschiedlichen Funktionen im Herzsystem der Erde und des Menschen beschrieben werden?

Einen hilfreichen Traum erhielt ich in der Zeit um Ostern 2021, in der ich auch mit den meisten der anderen bislang erwähnten Träume beschenkt wurde.

Ich reise im Ausland und soll eine Strecke mit dem Bus fahren, wofür ich eine kleine Summe der lokalen Währung brauche. Meine Gastgeber sind sofort bereit, mir das Geld zu schenken. Als Gegenleistung bittet mich die Gastgeberin, einen bestimmten Knopf zu drücken, der sich so weit oben an der Wand befindet, dass sie ihn nicht erreichen kann. Leider bin ich selbst auch zu klein dafür. Unerwartet taucht eine hochgewachsene Frau auf, die den Knopf ganz leicht erreichen kann, da er sich auf der Höhe ihres Halses befindet.

Ganz sicher deutet der hoch positionierte Knopf auf der Höhe des Halses der Frau auf die kleine Vertiefung am oberen Ende des Brustbeins hin, die ich als einen Brennpunkt des Feenherzens erkannt habe. Das andere vom Traum angesprochene Thema ist die scheinbar unverständliche Beziehung zwischen dem Fahrgeld für den Bus und dem hohen Knopf, der gedrückt werden soll. Eines ist klar: Der Bus fährt am Boden entlang und das Geld, das im Traum von einer Hand in die andere bewegt wird, kann die Ebene des elementaren Herzens darstellen – als Gegensatz zum

Die Fee der Friedenstaube

Knopf, der sich hoch oben an der Wand befindet und nur gedrückt werden soll.

Einen Knopf bei einer Vorrichtung zu drücken, heißt, einen bestimmten Prozess in Bewegung zu bringen. Komplementär dazu wäre die Aufgabe des persönlichen Elementarwesens, den Transport der Kräfte im Körper zu überwachen, den das Drücken auf den Knopf in Gang gesetzt hat. Das hieße, es wäre die Rolle des Feenherzens, die Ursachen und Urbilder zu erschaffen, aufgrund derer die elementare Welt die Lebensprozesse leiten und die Welt der Formen konzipieren kann. Damit sind wir jetzt bereits aus der persönlichen Ebene ausgestiegen und betrachten die Beziehung zwischen der Feenwelt und der elementaren Welt der Erde.

Wie im Falle der parallelen Evolution von Sidhe sollte auch die Feenwelt nicht mit den Feen als Elementarwesen des Luftelements verwechselt werden. Hier fehlen im Deutschen entsprechende Bezeichnungen, um die beiden Phänomene zu unterscheiden. Im Englischen wird das Luftelementarwesen »Fairy« benannt, aber ein Feenwesen, das tief im kausalen Hintergrund der Schöpfung wirkt, heißt »Faery«. Für die Feenwelt dieser kausalen Ebene, die für die Urbilder der verschiedenen Pflanzenarten Sorge trägt, wird heute auch der Name »Devas« genutzt. Beim Aspekt der Feenwelt, den wir hier im Auge haben, geht es aber nicht nur um pflanzliche Archetypen, sondern allgemeiner um die Urbilder der Lebensprozesse; dazu gehören natürlich auch die Liebesprozesse bei den Wesenheiten der Landschaft und im Gewebe der verschiedenen Kulturen der Erde. Ich hoffe, damit ist geklärt, welche Wesenheiten des irdischen Universums ich meine, wenn ich von der Feenwelt, von den Feenreichen und vom Feenherzen spreche.

Als nächstes möchte ich einige Tätigkeitsbereiche der Feenwelt untersuchen, die ich mit meiner Mitarbeiterin Simona wahrnahm, nachdem wir uns auf telepathische Weise aufeinander eingestimmt hatten. Das ist mir besonders wichtig, weil zwar die Elementarwesen in unserer Zeit eine gewisse Anerkennung im menschlichen Bewusstsein erlangt haben, die Feenreiche aber fast völlig in Vergessenheit geraten sind – mit Ausnahme der Pflanzendevas.

Die Feenreiche liegen tief im Hintergrund der elementaren Welt. Wenn die verkörperte Welt die erste Ebene des Lebensraums darstellt, und die elementare Welt die zweite, dann wäre die Feenwelt noch eine Ebene tiefer zu suchen. Auf jener Ebene sind urtümliche Wesenheiten angesiedelt, welche in der römischen Mythologie als Parzen (Schicksalsgöttinnen) und in der griechischen als Moiren bekannt sind, die den Lebensfaden spinnen. Wir finden sie auch im Märchen von Dornröschen, wo sie als die dreizehn Feen in ihrer Rolle als Geburtspatinnen auftauchen. Sie wirken als Urmütter der Erdschöpfung, indem sie die Urbilder der Schöpfung, generiert durch Gaia und ihre Drachenwelt, in die verschiedenen Aspekte der Lebenswelt einweben.

Daraus könnten wir schließen, dass die Feenwelt die Schlüssel besitzt, die sie befähigt, die manifeste Welt zu gestalten und umzugestalten. Das ist der Grund, warum sich die Feenreiche seit der Etablierung der patriarchalen, nach Weltherrschaft trachtenden Kulturen unter ständigem Druck befinden, da immer wieder versucht wird, sei es durch Magie oder neuerlich durch Genmanipulation, ihnen den Schlüssel zu entziehen und diesen im Sinne der herrschenden Eliten zu missbrauchen. Infolge dieser zunehmenden Aggression hat sich tragischerweise eine Wand gebildet, durch die bestimmte Bereiche der Feenwelt abgetrennt wurden, die sich nun im Schatten befinden. Unter diesem Stress leiden besonders zwei wichtige Aspekte der Feenwelt: die Urmütter des Friedens, die im Zeichen der weißen Taube die Urbilder des Friedens weben und hüten, und die noch stärker betroffenen Feenwesenheiten, die das Wissen hüten, wie die Gedankenwelt geerdet werden kann. Bei diesem Wissen geht es um die Verkörperung des Bewusstseins im Herzen, ein Akt, von dem die Verstandeskultur nichts hören will, weil sie sich nach einer Abkoppelung von der Erde und ihren Lebensreichen sehnt, die sie fälschlicherweise als »Freiheit« missversteht. In diesen beiden Bereichen der Feenwelt sind wir aufgerufen, geomantische Heilungsarbeit zu leisten.

Eine Frage, die es noch zu beantworten gilt, ist die nach der Rolle des Feenherzens im menschlichen Herzsystem. Zum Teil sind wir darauf schon zu Anfang des hier behandelten Themenbereichs eingegangen, als es um den Unterschied zwischen dem elementaren Herzen und dem

Feenherzen ging. Zusätzlich zeigte sich mir die grundlegende Beziehung zwischen dem Feenherzen und unseren Stimmbändern; dabei geht es um die Fähigkeit der Sprachgestaltung. Durch das Wort können alle essenziellen Lebensprinzipien zum Ausdruck gebracht und in einer gewissen Weise auch manifestiert werden. Hinter dieser phantastischen Fähigkeit der menschlichen Sprachorgane verbirgt sich das Spinnen und Weben der Feenwelt und ihrer urbildlichen Wesenheiten, ohne das kein wesentliches und bedeutungsvolles Wort gesprochen werden könnte. Läuft die Wortbildung allerdings am Feenherzen vorbei, dann besteht die Gefahr, dass die Sprache ihre Wahrhaftigkeit und damit auch ihre Glaubwürdigkeit verliert und zum bloßen Geschwätz verkommt.

Die uralten Meister des Herzraums

Als ich vor einigen Jahren zusammen mit meiner Mitarbeiterin Simona im Rahmen der Vorbereitungen zu dem Buch »Das Universum des menschlichen Körpers« das Herzzentrum betrachtete, bemerkten wir, dass das Zentrum von gewissen Mikroteilchen umzingelt wird. Mir kam es vor, als ob das Herzzentrum eine Sonne wäre, die von einer Schar von winzigen Planeten umkreist wird. Weiter hat sich herausgestellt, dass jeder dieser »Planeten« eine gewisse Herzqualität verkörpert. Einige davon sind Träger der Liebesqualitäten, die eine gewisse Bedeutung für die manifeste Lebenssphäre haben, andere sind mit den Urbildern der kausalen Herzebene verbunden. Sie kamen mir vor wie winzige Edelsteine, jeder von einer bestimmten Farbe und Qualität.

Damals war mir noch nicht bewusst, dass diese Teilchen eigentlich Wesenheiten sind, die sich im relativ kleinen Herzraum bewegen und dort wirken. Sie sind jedoch keine Mikro-Elementarwesen wie etwa die »Gaia-Funken«, sondern eine Art »Riesen« von Mikrogestalt. Ich empfinde sie als uralte, weise Wesenheiten, die die Entwicklung des Herzens schon seit ewigen Zeiten begleiten – noch bevor das Herz in der menschlichen Brust überhaupt angefangen hat zu schlagen. Sie sind offenbar damit beschäftigt, die Herzqualität im ganzen Universum zu begleiten, und ich will sie als »Meister des Herzraums« bezeichnen.

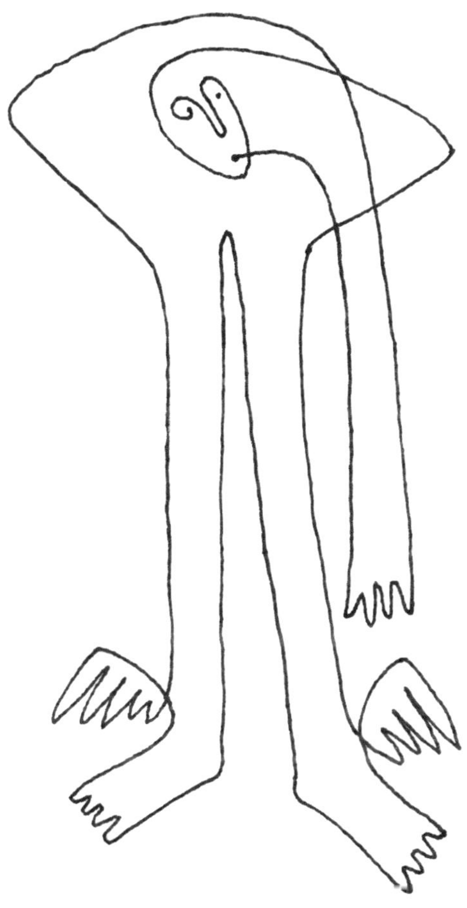

Eine Wesenheit der Feenwelt sorgt für die Erdung der Gedanken.

Die Meister des Herzraums haben die besondere Fähigkeit, mit dem Zeitprinzip auf eine flexible Art und Weise umzugehen, so dass es ihnen gelingt, zu jedem beliebigen Zeitpunkt in die Zeitspirale einzusteigen, indem sie sie von innen her durch ein interdimensionales Portal öffnen. Von dort, aus dieser »Mini-Ewigkeit« heraus, können sie die entsprechende Qualität in den manifesten Lebensraum aussenden – wobei jeder der Meister des Herzraums eine bestimmte Herzensqualität verkörpert.

Ein Traum, den ich erhielt, nachdem ich das Kapitel zu den Meistern des Herzens geschrieben hatte, versuchte mir zu erklären, dass ihre Wirkung sich nicht einfach logisch nachvollziehen lässt. Vielmehr ist es so, dass die potente Wirkung, die sie entfalten, indem sie den Lebensraum der Erde mit der Qualität der Liebe durchtränken, durch die Spannung zwischen der Zeitdimension und der Ewigkeit entsteht. Ein Liebesimpuls, der durch das Tor der Ewigkeit in der manifesten Zeitdimension landet, wird dadurch millionenfach verstärkt. Er verbindet sich dort mit der Herzebene anderer Wesenheiten, die sich nach der entsprechenden Herzensqualität sehnen oder diese schon im Leben verwirklichen. Dadurch entsteht eine Kettenreaktion, die nie mehr gestoppt werden kann. Auf diese Art und Weise können sich die Liebesqualitäten, die in den fünf Dimensionen des Herzraums enthalten sind, entfalten, um die ursprüngliche paradiesische Schönheit der Erde und das Wohlbefinden all ihrer Welten wieder herstellen zu können.

Wie kann es dann sein, dass wir immer noch unter ökologischem Stress leiden, von Kriegen umgeben sind und Millionen von Menschen vom Hungertod bedroht werden, wenn die uralten Meister des Herzraums, diese winzigen Riesen, über die Kernkraft der Liebe verfügen, die in ihrer Auswirkung so stark wie die Atomkraft ist? – Es kommt daher, weil der liebende Herzensraum im menschlichen Bewusstsein in seiner mehrdimensionalen Ausdehnung noch nicht aufgebaut wurde. Wir beachten ihn nicht und verehren ihn nicht, so dass der nötige Wirkungsraum der Meister des Herzens verlorengegangen ist. Bemühen wir uns also gemeinsam, als schreibender Autor und als Leserin und Leser, die Mehrdimensionalität unseres Herzraums zu erfassen und im Spiegel der Liebesfelder der Natur so weit wie möglich zu verwirklichen. Helfen können uns dabei unsere täglichen Übungen.

Kapitel 9
Die Synergien der neuen Herzmitte

Wenn wir uns jetzt unser Modell des neuen menschlichen Herzsystems genauer anschauen, möchte ich daran erinnern, dass wir bislang alle vier auf eine neue Art sich offenbarenden Herzzentren behandelt haben, die für die Grundstruktur der neuen Herzkonstellation stehen. Diese Konstellation hat die Form einer Raute oder eines Rhombus. Wir begannen unsere Untersuchung mit dem elementaren Herzen am unteren Ende unseres Brustbeins, durch das wir Menschen in die irdische Schöpfung eingegliedert werden. Danach widmeten wir uns dem gemeinsamen Herzen der Menschheit, von dem jedes Mitglied der menschlichen Familie, ob verkörpert oder als Geist-Seele existierend, ein Fraktal auf der rechten Seite seines Körpers trägt.

Der dritte Schritt unserer Annäherung an das neu entstehende Herzsystem der Menschen galt dem Herzmuskel und der individuellen Liebesquelle, worin die Matrix der transpersönlichen Identität pulsiert.

Zuletzt fokussierten wir uns noch auf die Resonanz mit dem Feenherzen, das wir am oberen Ende des Brustbeins lokalisieren konnten, an der Schwelle zwischen dem Brustraum und der Kehle. Was wir noch nicht angesprochen haben, ist die Mitte des Herzraums, die gewöhnlich als das Herzzentrum bezeichnet wird. Können wir – nach der beschriebenen Erweiterung des Herzsystems – überhaupt noch von einem einzigen Herzzentrum sprechen? Nach der Überlieferung des Yoga existiert ein solches Herzzentrum, das als »Chakra des Herzens« eines der sieben Kraftzentren symbolisiert, die entlang der Wirbelsäule lokalisiert sind.

Wenn von der Herzkraft die Rede ist, wenn eine Botschaft mit »herzlichen Grußen« beendet wird oder wenn es um die Liebeserklärung an eine verehrte Person geht, wird sicher nicht an den Herzmuskel gedacht, noch weniger an das elementare Herz und schon gar nicht an das Gesamtherz der Menschheit. Eigentlich denken wir dabei an ein Herz, das gar nicht auf der materiellen Ebene existiert; eher geht es um ein undefiniertes Bündel von Herzqualitäten und Kräften, die in einem allgemeinen

Herzsymbol – visualisiert in der Mitte der Brust – zusammengefasst werden. Im Hintergrund dieses mental erschaffenen Herzens erahnen wir die unsichtbare, aber starke Präsenz des Herzchakras.

Wäre es möglich, dass diese spirituell anerkannte Vorstellung eines einzigen Herzens, das alle vier Herzzentren der Rautenkomposition ignoriert, eine Erfindung der monotheistischen Religionen ist, die sich in den letzten drei Jahrtausenden herausbildeten? Ihre Begründer fegten die bunte Schar von Göttern und Göttinnen aus alten Zeiten vom Tisch und inthronisierten stattdessen einen einzigen, männlich gedachten Gott als Herrscher über Himmel und Erde. Im Namen der einzigen Gottheit kann wohl auch die Herzkraft nur in einem einzigen Herzzentrum beheimatet sein.

Die Schattenseite dieser verengten Vorstellung, die die Herzkraft auf eine einzige Herzkraftquelle reduziert, zeigt sich in ihrer Instabilität. Wenn es keine in die Breite angelegte Herzkonstellation gibt, wie in den letzten Kapiteln dargestellt, sondern sich das Herzzentrum auf einen einzigen Punkt konzentriert, dann ist es relativ leicht, die Richtung dieses vereinzelten Herzzentrums umzukehren, und es zu missbrauchen. So ist es zum Beispiel möglich durch die Umkehrung der fokussierten Herzkraft in die dunkle und destruktive Richtung, Konflikte zu schnüren und herzlose Kriege gegen die Natur oder gegen die Mitmenschen zu führen.

Diese Dualität von Böse und Gut, die die charakteristische Eigenschaft des alten Herzens ist, kann nur durch die komplette Erneuerung unseres Herzsystems aufgehoben werden, bei dem verschiedene und autonome Herzzentren synergetisch zusammenwirken. Wie oben dargestellt, pulsiert jedes der vier Herzzentren auf einer anderen Ebene des mehrdimensionalen Körperraums und schlägt im je eigenen Rhythmus. Wenn diese vier Rhythmen zusammengeführt werden, entsteht die neue Herzmitte, die fähig ist, mit der Kraft und Weisheit von tausend Sonnen und einer nicht geringeren Anzahl von Monden zu erstrahlen. Es stellt sich nun die Frage, welche Kraft oder welches Bewusstsein tätig wird, um die oben erwähnte Synergie zu erreichen, durch die das neue Herzzentrum geboren wird. An diesem Punkt kommt das System des »Dritten Auges« ins Spiel.

Die Rolle des Dritten Auges

Die esoterische Anatomie vieler Kulturen kennt den Begriff des »Dritten Auges«, das oft als rundes Mal zwischen den zwei Augenbrauen markiert wird. Meiner Erfahrung nach haben wir es beim Dritten Auge nicht nur mit einem einzelnen Bewusstseinszentrum zu tun, sondern mit einer aus drei Kraftzentren komponierten Reihe, die in unserem Schädelraum beheimatet ist. Ich nehme das Dritte Auge als einen horizontal angelegten Kraft- und Bewusstseinskanal wahr, der den Hinterkopf mit der Stirn verbindet.

Am Hinterkopf gibt es einen Brennpunkt der Verbindung mit der Welt der Ahnen und Nachkommen. Dem gegenübergesetzt ist der Fokus an der Stirn zwischen den Augenbrauen, der den Menschen zur Orientierung im kausalen Hintergrund der verkörperten Welt dient. In der Mitte des Schädelraums befindet sich das Zentrum des Bewusstseins, der Ort, an dem das Wissen von Gaia mit der Weisheit ihrer kosmischen Entsprechung Sophia – der Weisheit aus dem Urbeginn – kommuniziert. Dieses ist das eigentliche Zentrum des Dritten Auges.

Das dreigliedrige System des Dritten Auges ist die Quelle des Bewusstseins, aufgrund dessen die gesamte Komposition des neuen Herzsystems in der Erinnerung des Körpers und seines Elementarwesens aufrechterhalten wird.

Würde das System des Dritten Auges nicht permanent die neue Herzkonstellation als geometrische Matrix aufrechterhalten und die einzelnen Teile, die wir bislang schon kennenlernen durften, an ihre Rolle in der Gesamtkomposition erinnern, könnten sich die einzelnen Sterne der Herzkonstellation verselbständigen und sich entlang eigener Entwicklungsbahnen voneinander entfernen. Das neue Herzsystem als Symbol für die Hoffnung auf eine glückliche und friedvolle Zukunft würde sich auflösen, denn es kann nur durch die genau eingestimmte Synergie aller beteiligten Zentren, Qualitäten und Kräfte weiterbestehen.

Dieses synergetische Zusammenspiel aller beteiligten Zentren, Qualitäten und Kräfte des neuen Herzsystems reicht jedoch allein noch nicht aus, um die neue Herzmitte zu konstituieren. Das Bewusstsein gehört zum Luftelement und hat daher nicht die nötige Dynamik, um dem Prozess der Synergie des neuen Herzsystems die erforderliche Bewegungskraft

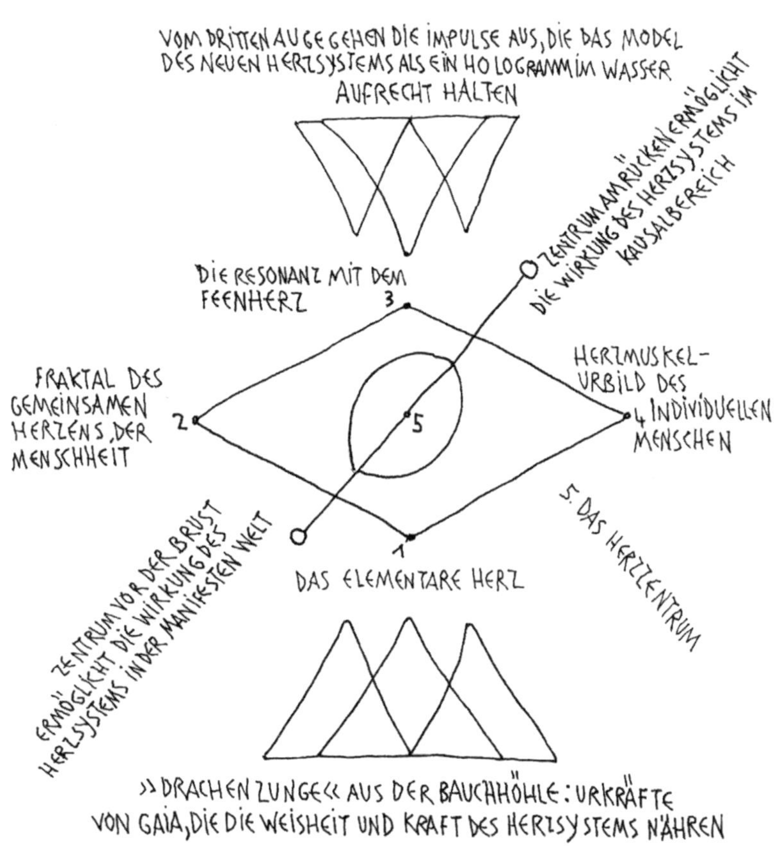

Schematische Darstellung des sich neu aufbauenden Herzsystems beim Menschen

einzuverleiben, die es erst ermöglicht, dass die erwartete Urkraft des neuen Herzsystems sich entfaltet. Dafür ist die Mitwirkung der Drachenkräfte unumgänglich, die auf die Impulse des Dritten Auges eingestimmt sind.

Folglich entwickelt sich das neue Herzsystem und damit auch das neue Herzzentrum mit Hilfe zweier parallel ablaufender synergetischer Prozesse – »Synergie« bedeutet »das Zusammenwirken von verschiedenen Kräften«.

Der Tanz der vier neuen Herzzentren spielt sich auf der kausalen Ebene ab, die hinter der verkörperten Wirklichkeit pulsiert. Das Zusammenspiel des Systems des Dritten Auges, das im Schädelraum fokussiert ist, und der Drachenkraft, die aus der Bauchhöhle heraus wirkt, ist jedoch in einer tieferen Dimension der kausalen Welt beheimatet, die ich »Urraum der Ewigkeit« nenne.

Die Verkörperung der Herzkräfte und deren Qualitäten, die – sobald die beiden synergetischen Prozesse das neue Herz in Gang gesetzt haben – aus unserer Herzmitte fließen, kann sich jedoch nur in den Lebensumständen des Individuums und letztendlich der ganzen Menschheit entwickeln. Doch sind wir schon bereit dafür, im alltäglichen Leben selbst zu komplexen Liebesquellen zu werden?

Elementare Engel

Gibt es eine Entsprechung zur Rolle des menschlichen Dritten Auges in der Landschaft? Diese Frage ist essenziell und darf nicht umgegangen werden, denn wir wollen nicht nur das neue Herzsystem beim Menschen kennenlernen, sondern auch seine Entsprechung in der Liebessphäre der Landschaft. Bei meiner kürzlich durchgeführten Werkstatt an der Hibernia Waldorfschule in Herne im April des Jahres 2022 besuchten wir auch Katzenstein, einen Ort oberhalb der Ruhr und südlich von Bochum und machten folgende Erfahrung:

Dort gibt es einen Wald, der ungewöhnlich reich an Ilex-Bäumchen ist. Ilex ist der botanische Name für die Stechpalme, die wir an ihren glänzenden, immergrünen und dornartig gestalteten Blättern erkennen, und die für mich die Pflanze mit der stärksten Beziehung zur kosmischen Weite des Universums ist. Um die Beziehung zum inneren Wesen der Ilex-Pflanze aufzubauen, bildeten wir die charakteristische Form des Ilex-Blattes – seine so genannte Signatur – mit unserer Hand nach. Dazu ballten wir die Finger der einen Hand zusammen, um mit diesem »Stift« das charakteristische Blatt der Ilex mehrmals in den Äther »einzugravieren«. Danach konnten wir uns an der tanzenden Präsenz der die Ilex begleitenden elementaren Wesenheiten inmitten unseres Gruppenkreises erfreuen.

Nachdem wir diese Übung mit der Gravur der Signatur einige Male wiederholt hatten und anschließend in die Stille hineinspürten, nahm ich vor uns eine Gruppe von Wesenheiten wahr. Für physische Augen blieben diese natürlich unsichtbar, aber aufgrund meiner Erfahrung mit derartigen Phänomenen erkannte ich sie als elementare Engel. Angesichts einer unsicheren Zukunft, standen wir uns schweigend gegenüber – unsere Gruppe als verkörperte Menschenwesen und ihre Gruppe als Wesen einer anderen Dimension, die in unserem Inneren ein lange verlorengegangenes Wissen um unsere Zusammengehörigkeit widerspiegelte.

Wenn ich diese Elementarwesen als Engel bezeichne, beziehe ich mich damit nicht auf Wesenheiten aus den unterschiedlichen religiösen Überlieferungen. Für mich sind Engel schöpferische Brennpunkte und Wesenheiten des Universums, die den Elementarwesen der Erde entsprechen. Sie sind verantwortlich dafür, dass sich das Universum seinen Zyklen und Rhythmen gemäß fortwährend weiterentwickeln und wandeln kann. Da die Erde ein holographisches Bruchstück des Universums ist, sind Engel in verschiedenster Weise auch auf Erden tätig. Einige dieser Wesenheiten nahmen sogar den von Gaia erschaffenen und ihnen angebotenen subtilen Körper der Elementarwesen an – ähnlich wie wir Menschen die angebotene Möglichkeit ergriffen, den Tierkörper weiterzuentwickeln, indem wir ihn als unser zeitweiliges Heim nutzen. Verkörpert im ätherischen Körper der Elementarwesen, können die elementaren Engel viel näher an die manifeste Welt heranrücken als Engel, die keinen Elementarwesenkörper bewohnen.

Die jüdisch-christliche Überlieferung betrachtet die elementaren Engel als »gefallene Engel« und bezeichnet sie als »von Gott verflucht«, weil sie der Erde vermeintlich zu nahegerückt sind. Dahinter steht die Geisteshaltung einer vergangenen Epoche, die Materie und Geist als Gegensätze versteht und die Materie dem Geist unterordnet und infolgedessen die Erde als unwürdig ansieht, Engel und andere Wesenheiten der geistigen Welt zu beheimaten. Es gehört zu den Aufgaben der geomantischen Heilungsarbeit, die elementaren Engel von der Schwere dieses Fluchs zu befreien, damit sie ihre kostbare Tätigkeit auf Erden wieder aufnehmen können.

Heute werden die elementaren Engel als Landschaftsengel gewürdigt, deren Aufgabe darin besteht, die sakrale Identität einzelner Landschaften der Erde aufrechtzuerhalten und sie mit der Energie aus hohen kosmischen Quellen zu versorgen. Dazu gehört auch die Quelle der universellen Liebeskraft, die in der jüdisch-christlichen Tradition durch die »Seraphim« verkörpert wird. Daraus ergibt sich der kostbare Beitrag der elementaren Engel für die allumfassende Qualität der Liebesfelder in der Landschaft, in der Natur und unter den Menschen, die sie mit der kosmischen Liebesqualität der Seraphim bereichern.

Es gibt auch etwas, das die elementaren Engel in dieser gefahrvollen Phase der Erdwandlung den Menschen als Geschenk anbieten, indem sie bereit sind, als elementare Schutzengel zu dienen. Von Schutzengeln wurde schon in christlichen Überlieferungen berichtet. In diesem Fall erscheinen die Schutzengel allerdings in einer elementaren Gestalt, die es ihnen ermöglicht, näher an die Gefahrenzonen der sich auflösenden materiellen Welt heranzurücken, wodurch ihre schützende Tätigkeit effektiver wird. Eine entsprechende Schutzübung findet ihr am Ende der Übungsreihe im zwölften Kapitel. Sie sollte nicht übersehen werden!

Das Herzzentrum als ein interdimensionales Portal

Das beschriebene Modell des neuen Herzsystems und seine Verkörperung empfinde ich als anschaulich und folgerichtig, trotzdem stellt es mich nicht ganz zufrieden, denn es zeigt noch nicht, in welcher Weise das neue Herzsystem auf die Welt einwirken könnte. Die chaotische Lage unserer Mitwelt, zerrissen durch gegensätzliche Kräfte, wie sie im ersten Teil des Buches beschrieben wurden, waren doch gerade der Grund dafür, warum wir uns auf die Suche nach einem neuen Herzsystem begeben haben. Sind wir letztlich an einem falschen Ort gelandet?

Nein, der Ort ist nicht falsch, aber wir haben bei unserer Untersuchung eine wesentliche Komponente und Ausdehnung des Herzens nicht berücksichtigt. Dabei geht es um die horizontale Verbindung des Herzzentrums, durch die der Raum hinter unserem Rücken mit dem Raum vor unserer Brust verbunden wird. Der Rückenraum steht für die kausalen Dimensionen der verkörperten Welt, wo die Urmuster des Lebens beheimatet sind, aufgrund derer die manifesten (verkörperten) Weltumstände aufgebaut werden.

Damit das neue Herzsystem in der Welt wirksam werden kann, sollte es als ein interdimensionales Portal erkannt werden, das dazu beiträgt, dass gewisse wichtige Aspekte der Weltordnung und des Weltgeschehens gewandelt werden können. Da wir es hier mit dem Herzen zu tun haben, geht es dabei ohne Zweifel um jene Aspekte, die wir schon im Zusammenhang mit einzelnen »Sternen« des Herzsystems kennengelernt haben, und die fähig sind, die verkörperte Welt als eine Welt von paradiesischer Qualität und geprägt von liebevollen Beziehungen aufzubauen.

Beim Begriff des interdimensionalen Portals möchte ich zunächst darauf hinweisen, dass es sich dabei nicht um einen einfachen Durchgang zwischen verschiedenen Dimensionen der mehrdimensionalen Wirklichkeit handelt. In der Architektur wird der Eingangsbereich eines Gebäudes dann als Portal bezeichnet, wenn es mit gewissen Symbolen versehen ist; denken wir etwa an mittelalterlichen Kirchen und besonders an Kathedralen. Dort finden wir Portale, die wie eine Ziehharmonika gestaltet sind: Neben romanischen oder gotischen Bögen, die relativ dicht beieinanderstehen, finden wir in den Zwischenräumen Säulen oder Heiligenfiguren. Eigentlich handelt es sich bei diesen Zwischenräumen um zusammengezogene Vorhallen, durch die die Gläubigen schreiten müssen, um sich auf die verschiedenen Dimensionen des heiligen Raums einzustimmen, den sie betreten wollen.

Der Begriff »interdimensional« in Bezug auf das Portal bezieht sich auf genau diese Art von Vorhallen, die ein Impuls – aus der Kausalwelt kommend – durchlaufen muss, damit er als schöpferischer Impuls oder kreative Handlung im verkörperten Weltenraum auftauchen und tätig

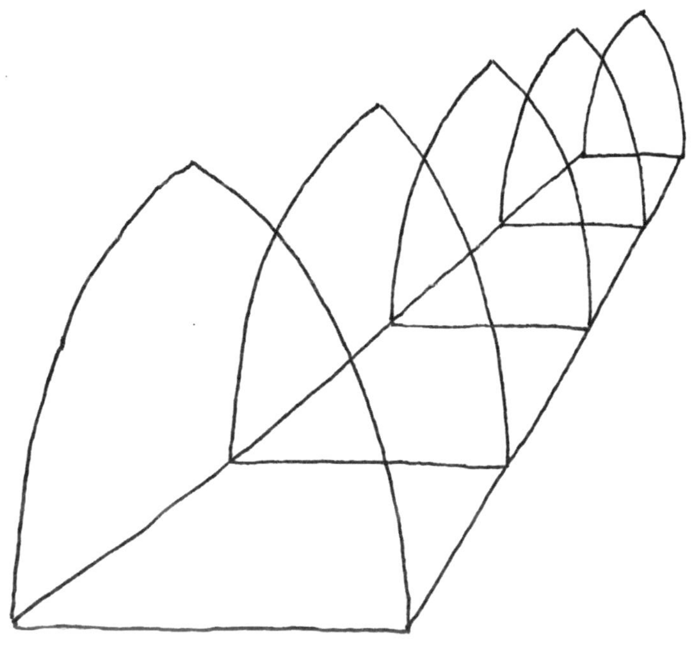

Nach dem Prinzip der Ziehharmonika aufgebautes gotisches Portal

werden kann. In unserem Fall haben wir es mit vier solcher Vorhallen zu tun, die es dem Herzzentrum und dem dazu gehörigen Individuum ermöglichen, als Liebesagent in der Welt zu wirken. Es handelt sich um einzelne Aspekte unseres Herzsystems, die wir schon kennengelernt haben. Sie sind in Paaren angeordnet wie beim Portal einer Kathedrale mit ihren Bögen und Symbolfiguren, die rechts und links angeordnet sind:

- Das erste Paar bezieht sich einerseits auf die Urkräfte der Erde (die Drachenzunge) und andererseits auf das kosmische Bewusstsein, fokussiert im System des Dritten Auges.
- Das zweite Paar besteht aus der individuellen Seelenmatrix (dem Herzmuskel) und dem Fraktal des Gesamtherzens der Menschheit.
- Das dritte Paar ist aus dem Feenherzen am oberen Ende des Brustbeins und dem elementaren Herzen an seinem unteren Ende komponiert.
- Das vierte Paar bezieht sich auf zwei Ausdehnungen des Herzzentrums, die wir oben erwähnt haben. Dabei handelt es sich um zwei Brennpunkte, eines im Rückenraum, das die Beziehung zur kausalen Welt aktiviert, und ein zweites vor dem Körper, welches das beschriebene Portalsystem auf der manifesten Weltebene verankert.

Ein Portal dient nicht nur dazu, ein Gebäude zu betreten, sondern auch dazu, es zu verlassen. Beim Herzzentrum kann diese zweifache Durchgängigkeit eines Portals folgendermaßen schematisch dargestellt werden: Nehmen Menschen in ihrer Mitwelt einen Bedarf nach einem Liebesimpuls wahr, so durchläuft ihre Wahrnehmung die vier Vorhallen des Portals, um in die kausale Schatzkammer der Liebe zu gelangen. Dort wird dann blitzschnell nach der entsprechenden Liebeskraft oder Qualität gesucht. Ist sie gefunden, geht es danach wieder in die umgekehrte Richtung zurück. Damit dieser sich der Welt nähernde Impuls einen unglücklichen und damit negativen Zustand ins Positive verwandeln kann, muss er auf dem Rückweg in die materielle Welt wieder die vier Vorhallen des Portals durchlaufen. Dabei wird der Impuls mit acht (2 x 4 = 8) verschiedenen Kräften und Qualitäten versehen. Auf diese Weise wird die Liebestat in ihrer Auswirkung so stark, dass sie »Berge versetzen kann«, wie Jesus von Nazareth gesagt haben soll.

Kapitel 10

Die Philosphäre – Liebessphäre

Obwohl es nach den letzten Kapiteln so aussehen mag, als ob die Liebe hauptsächlich ein die Menschen betreffendes Phänomen wäre, ist das keineswegs der Fall. In den ersten Kapiteln dieses Buches haben wir bereits gezeigt, dass Liebe zuallererst ein Phänomen ist, das eng mit der Erdschöpferin Gaia, mit ihren Wesenheiten und den irdischen Liebesquellen verbunden ist. Meine Inspiration sagt mir, dass Liebe eine der vielen Sphären darstellt, aus denen nicht nur der kausale, sondern auch der manifeste Raum der Erde komponiert ist.

Betrachten wir die einzelnen Sphären der verkörperten Erde, so liegt es auf der Hand, mit der Lithosphäre zu beginnen, der Steinsphäre, die den materialisierten Erdkörper aufbaut und die ganze manifeste Welt trägt. Als nächstes haben wir die Atmosphäre, die uns mit dem Atem versorgt. Weiter geht es mit der Hydrosphäre: Die alles durchdringende Wassersphäre ermöglicht die Manifestation des Lebens und damit die Entwicklung der Biosphäre, der Lebenssphäre, die alle Lebewesen der Erde durchdringt und am Leben erhält. Zum Aufbau der manifesten Welt gehört ebenso die Noosphäre (das griechische Wort »Noos« steht hier für Bewusstsein), die gleichbedeutend ist mit dem Gaia-Bewusstsein, mit dem Gaia alle Wesenheiten ihrer manifesten und kausalen Weltdimensionen durchdringt. Die Noosphäre beschenkt alle Wesenheiten, die zur Weltentraube (Cluster) der Erde gehören, mit verschiedenen Qualitäten des Bewusstseins.

Mit diesem Buch möchte ich eine weitere Sphäre einführen, die offenbar auch zum verkörperten Erdplaneten gehört: die Philosphäre oder die Liebessphäre. »Philein« heißt auf Griechisch »lieben«, wovon sich auch das Wort »Philosophie« ableitet: »die Weisheit (Sophia) *lieben*«.

Ich möchte mit meinen Ausführungen und den später vorgeschlagenen Übungen, das Phänomen der Liebe als eine eigene und ganzheitliche Sphäre darstellen, an der nicht nur Menschen, sondern auch andere Wesenheiten und Ausdehnungen der irdischen Weltentraube auf ihren jeweiligen verschiedenen Ebenen und Dimensionen ihren Anteil haben. Wir alle baden in der Liebe, die im Herzen der Schöpfung Gaias ihren Ursprung hat und sich überallhin ausdehnt. Auf der anderen Seite können wir aber auch alle Wesenheiten der manifesten und kausalen Dimensionen der Erde potentiell als eigenständige Liebesquelle betrachten. Beide Arten der Liebesquellen ergänzen einander und nähren und bereichern die Philosphäre.

Dem Herzsystem beim Menschen als unserer eigenen Liebesquelle wollte ich in diesem Buch mehr Raum gegeben, weil es weitgehend vom rechtzeitigen Erwachen der Liebespotentiale der Menschheit abhängt, ob wir Menschen die Erde zerstören oder mit ihr gemeinsam kreativ gestalten. In dem gegenwärtigen epochalen Wandlungsprozess der Erde, von der wir ein Teil sind, spielen wir eine entscheidende Rolle, von der letztendlich das Schicksal der gesamten irdischen Weltentraube abhängt.

Der Vision der Philosphäre folgend, wie wir sie in diesem Buch von verschiedenen Seiten entwickelt und beleuchtet haben, könnten wir annehmen, dass alle Wesenheiten der irdischen Weltenkonstellation mit der süßen und gleichzeitig starken Qualität und Kraft der Liebe durchdrungen und umwoben sind. Das scheint auch auf alle Wesenheiten zuzutreffen, mit einer Ausnahme: Die menschliche Welt sieht von außen betrachtet ganz anders aus; statt Liebe und Glück sehen wir eine Menschheit, die von Hass- und Furchtpotentialen durchdrungen ist. Haben sich die Menschen von der Philosphäre der Erde getrennt, obwohl doch dauernd von den Liebesbeziehungen unter den Menschen gesprochen und über sie geschrieben wird?

Menschlich-göttliche Liebesbeziehung

Beginnend mit dem dritten Kapitel haben wir angefangen, uns durch die kausalen Welten der Philosphäre zu bewegen. Diese beinhaltet die Liebesqualität als Potential, das von gewissen Wesenheiten wie etwa Bäumen oder Elementarwesen auf der irdischen Existenzebene verwirklicht wird. Was die Menschen betrifft, so werden diese in der Regel durch kurze oder auch langfristige Liebesbeziehungen untereinander in der Philosphäre gebadet. Im Kontext unserer Wanderung durch die Liebessphäre von

Gaia und all ihrer Wesenheiten stellt sich die Frage, welche Vorbedingungen erfüllt sein müssten, damit auch die Menschheit ausdauernd und mit ganzem Herzen zur Philosphäre des Erduniversums und damit zum Glück und zur Gesundheit aller Wesenheiten beitragen könnte.

Ein Traum vom Februar 2022, eine Zeit, in der ich intensiv an diesem Buch arbeitete, brachte mich dazu, besonders die weiblich-männlichen Beziehungen in unserem Kontext näher zu untersuchen.

Ich sehe eine Frau und einen Mann zusammen auf einem Tisch liegen, der einer Massageliege ähnelt, wie sie von Physiotherapeuten benutzt wird. Der Tisch hängt hoch über einem tiefen Abgrund und wird dabei von nur zwei Seilen gehalten. Diese sind genau in der Mitte des Tisches an zwei Punkten, vorne und hinten, befestigt, um den Tisch im Gleichgewicht zu halten. Die Balance ist auf den Punkt genau austariert, so dass der Tisch umkippen würde, wenn auch nur ein kleines Gewicht, etwa ein Steinchen, auf die linke oder rechte Seite gelegt würde.

In dieser ersten Sequenz des Traums wird die weiblich-männliche (Yin-Yang-) Beziehung als ein Gleichgewichtspotential dargestellt, durch den der Erdkosmos in Balance gehalten wird.

Im Traum wird mir plötzlich klar, dass ich der Mann bin, der zusammen mit der Frau auf diesem ausbalancierten Tisch liegt. Was mich zuerst stutzig macht und sich dann zu einem existenziellen Angstgefühl steigert, ist die Tatsache, dass der Tisch doch nicht in einer perfekten Balance hängt, sondern auf meiner »Yang«-Seite immer mehr zur Seite kippt. Ich habe das Gefühl, ich könnte in den Abgrund rutschen. Ich bitte noch die Frau, die neben mir liegt, mich festzuhalten, aber schon beginnen wir zusammen ins Unglück zu rutschen.

In dem Moment entscheidet sich die Frau aufzustehen. Sie steht jetzt aufrecht und stark auf ihrer Seite des Tisches. Zu meiner Überraschung kommt der Tisch wieder ins Gleichgewicht, obwohl doch jetzt auf der weiblichen Seite der Druck auf nur einem Punkt konzentriert ist, und eigentlich zu erwarten wäre, dass der Tisch auf die »Yin« Seite kippen müsste – was aber nicht geschieht.

Im Nachhinein muss ich zugeben, dass ich das Aufstehen der Frau als eine Auferstehung der Göttin erlebte. Als ich – vor dem Sturz in den Abgrund gerettet – wieder sicher auf dem ausbalancierten Tisch lag, begriff ich, dass ich symbolisch die menschliche Familie vertrete und die neben mir stehende Göttin uns die Lösung aufzeigt, wie der drohende Verfall der Liebessphäre der Erde, verursacht durch die patriarchale Verstandeszivilisation, doch noch verhindert werden kann.

Die Traumgeschichte beginnt mit dem, was allgemein bekannt ist, dass die Übermacht des männlichen Prinzips das kosmische Gleichgewicht zu zerstören droht. Der Traum deutet jedoch nicht nur auf die Auferstehung des weiblichen Prinzips hin, sondern betont zugleich die Tatsache, dass die Auferstehung der Frau auch das männliche Prinzip wieder ins Lot bringen kann. Den Traum empfinde ich als Aufforderung, nach der Ursache zu suchen, wie es zum tragischen Verlust des Ausgleichs zwischen dem femininen und dem maskulinen Pol kommen konnte, und dadurch auch zum Verlust der liebevollen Verbindung zwischen dem menschlichen Geschlecht und der Philosphäre des Göttlichen.

Die Biblische Geschichte vom Paradies kann uns bei der Suche nach den Hintergründen dieses tragischen Verlustes helfen – wobei das Paradies als ein vollkommen ausbalancierter Raum zu verstehen ist, in dem alle Teilaspekte und Wesenheiten des Erdkosmos in Harmonie miteinander schwingen.

Die Geschichte geht laut der Bibel so: Die Menschen im Paradies durften alles essen, nur nicht die Äpfel vom Baum der Erkenntnis. (Würden sie die Äpfel von diesem Baum essen, würden sie selbstbewusste Wesen werden und dadurch die vermeintliche Gottesherrschaft über das Universum gefährden.) Es war die Frau namens Eva, die tapfer genug war und selbstbewusst den Apfel vom verbotenen Baum pflückte, um ihn zu essen. Sie war es auch, die dem Mann namens Adam den Apfel reichte und ihn ermutigte, ebenfalls hineinzubeißen. Diese zweifache symbolische Geste der Frau eröffnete dem menschlichen Geschlecht eine völlig neue Stufe seiner Evolution. So konnten wir Menschen nach und nach zu autonomen, kreativen und selbstbewussten Wesenheiten heranwachsen.

Doch schon bald zeigte sich die Schattenseite des sich bewusstgewordenen und dadurch selbständig agierenden Menschen. Anstatt das im

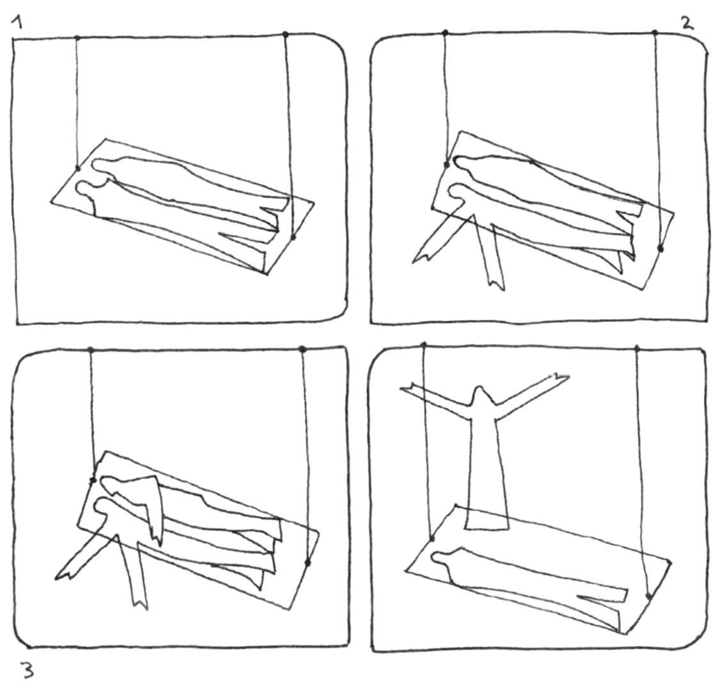

Frau und Mann auf dem zu balancierenden Tisch

Paradies gewonnene Gleichgewicht zwischen dem männlichen und weiblichen Pol aufrechtzuerhalten und zu schützen, wollte die männliche Seite die Fähigkeit der Frau, Leben zu gebären, an sich reißen. Das erscheint zwar vollkommen unrealistisch, führte jedoch dazu, dass die von der weiblichen Seite geraubten kreativen Fähigkeiten dazu benutzt wurden, mächtige Königreiche oder falsche Demokratien aufzubauen. Um die »Yin«-Kräfte unbegrenzt nutzen zu können, wurde die Frau in den zwischenmenschlichen Beziehungen und in der Gesellschaft schamlos erniedrigt.

Als Gesellschaft stehen wir jetzt da, wo mein nächtlicher Traum mit seiner Warnung begann: Das gestörte Gleichgewicht zwischen Mann und Frau könnte uns alle – nicht nur uns Menschen – in den Abgrund stürzen. Dabei geht es nicht nur um die Störung der weiblich-männlichen Balance, sondern in Folge davon auch um eine Störung des kosmischen »Yin-Yang«-Gleichgewichts. Die vermeintliche Gleichstellung der Frauen in den modernen Gesellschaften, die politisch gefördert und zum Teil auch aufrechterhalten wird, ist zu oberflächlich gedacht. Mein Traum versucht, die tiefgreifende Lösung des Rätsels des gestörten Gleichgewichts aufzuzeigen. Die Botschaft des Traums verkündet die Auferstehung der Frau als Tochter der Göttin. Nachdem sich diese in meinem Traum zu ihrer vollen Gestalt aufrichtete, fand die Welt zurück ins Lot.

Wird das Gleichgewicht der Welt also dadurch wiederhergestellt, dass dem männlichen Gott zum Ausgleich eine Göttin an die Seite gestellt wird? Die katholische christliche Religion hat dieses Problem zu lösen versucht, indem sie Christus zusammen mit seiner Mutter Maria verehrte. Doch die Welt kann nicht durch die Mutter-Sohn-Beziehung ausbalanciert werden, da eine solche Konstellation nach rückwärts orientiert ist und in die Vergangenheit führt und nicht in die Zukunft.

Die Offenbarung der Göttin, die mir zuteilwurde, als ich in Madrid zufällig eine Nacht auf dem Flughafen verbringen musste, zeigt eine andere Lösung auf. In diesem Traum zeigte sich mir die Göttin in der riesigen Gestalt der Erdschöpferin Gaia in einem ekstatischen Tanz. Ich bewunderte ihre beeindruckende mächtige Gestalt, die mich in ihren urwüchsigen Formen an die in Ton gebrannten Figuren der paläolithischen Göttinnen erinnerten, die wir aus Ausgrabungen kennen. Diese

Gaia die Schöpferin – die blaue Gaia

urweibliche Gestalt zeigte jedoch in ihren Bewegungen hin und wieder die charakteristischen Zeichen eines muskulösen männlichen Körpers. In dem Moment wurde mir klar, dass wir bereits in der Zukunft leben, wo es nicht mehr darauf ankommt, das Gleichgewicht zwischen den weiblichen und männlichen Gegensätzen herzustellen, sondern es vielmehr um die innere Balance in jedem einzelnen Individuum geht. Der Mann soll mit seiner inneren Frau ins Lot kommen und umgekehrt die Frau mit ihrem inneren Mann. (Die Offenbarung aus Madrid wird vollständig in meinem Buch »Wandlungstanz der Erde« beschrieben.)

Meine Vision aus Madrid bezeugt, dass die Polarität zwischen Gott und Göttin mit der Auferstehung der Göttin – wie in der letzten Sequenz meines Traums dargestellt – aufgehoben ist, weil das weibliche Prinzip allumfassend ist und seinen Gegenpol immer mit einschließt. Auch handelt es sich um keine abgehobene Göttin, sondern – was das Universum der Erde betrifft – um eine individuelle und liebevolle Weltschöpferin, die wunderbare Welten und Wesenheiten entwickelt hat und die wir heute Gaia nennen. Zusammen mit anderen kosmischen Wesenheiten sind wir ihrer Einladung gefolgt, uns als ihre geliebten und geschätzten Gäste ihrer Evolution anzuschließen.

Diese Neugestaltung des göttlichen Prinzips, die in der gegenwärtigen Epoche der Wandlung auf Erden und in den himmlischen Sphären vonstattengeht, ermöglicht eine vollkommen neue und inspirierende Beziehung zwischen der weiblich-männlichen Gottheit und den Menschen. Diese neue Art der Beziehung ermöglicht eine partnerschaftliche Begegnung auf Augenhöhe und damit auch die Möglichkeit, dass die Liebessphäre der Erde mit einer zusätzlichen Qualität bereichert wird, die wir bislang noch nicht wahrgenommen haben: mit dem gegenseitigen Liebesaustausch zwischen den Menschen und der Göttin – einer Kraft, die weibliche und männliche Aspekte gleichermaßen umfasst.

Als ich mich fragte, ob es womöglich ein Urbild gibt, um uns die göttliche Dimension als eine Erweiterung des Herzsystems vorzustellen, erschien vor meinem inneren Auge das Bild der antiken Liebesgöttin Venus mit dem kleinen Bogenschützen Cupido. Es heißt, dass jede Person, die vom Pfeil des Cupido getroffen wird, sich unwiderstehlich verliebt. Venus

Gaia als Liebesgöttin – grüne Gaia

steht in diesem Bild für die göttliche Ausdehnung von Gaia, durch die die Liebessphäre (Philosphäre) der Erde und ihres Universums in jedem Moment neu erschaffen und aufrechterhalten wird. Sie ist die Urquelle der Philosphäre und die Göttin, die alle Liebesbeziehungen in der Natur und in den Kulturbereichen inspiriert. Ich möchte sie mit der Farbe *Grün* kennzeichnen.

Gaia als die Schöpferin des Erduniversums ist ein vielfältiges Wesen und in verschiedene Aspekte untergliedert. Drei davon sind mit dem zyklischen Prinzip des Lebens verbunden und seit Jahrtausenden überliefert:

- Gaia als die Göttin der kosmischen Ganzheit – die weise Göttin
- Gaia als die Göttin der Lebensfülle – die rote Göttin
- Gaia als die Göttin der Wandlung – die schwarze Göttin

Gibt es eine ähnliche Aufstellung der verschiedenen männlichen Aspekte von Gaia? Ich werde versuchen, sie zu formulieren, und verstehe sie als einen Weckruf für uns Männer – genauso aber auch für die Frauen –, die männlichen Aspekte in uns zu nähren und äußerlich zu verwirklichen. Meiner Erfahrung nach entspricht den oben erwähnten zyklischen drei Aspekten der Göttin folgende männliche Dreiheit:

- Der Aspekt des Jünglings: wahrhaftig sein und für die Wahrheit einstehen.
- Der Aspekt des Mannes: Hier geht es darum, die subtilen Grundstrukturen, mit Hilfe derer sich die Liebesbeziehungen in der menschlichen Familie entfalten können, liebevoll zu stützen und aufrechtzuerhalten.
- Der Aspekt des Greises: Helfender an der Schwelle zwischen Diesseits und Jenseits.

Mit der Entwicklung der Erdwandlung hat sich uns Gaia zusätzlich als Weltenschöpferin präsentiert: Seit Urzeiten ist sie dabei, das irdische Weltencluster mit Hilfe der urbildlichen und elementaren Welten zu erschaffen und immer wieder umzuwandeln. Als die neu sich offenbarende Gaia ist sie zudem fähig, mit Menschen und anderen autonomen Evolutionen der irdischen Weltentraube zu kooperieren. Die neue Gestalt von Gaia wird durch die Farbe *Blau* gekennzeichnet. Zusammengefasst:

- Gaia als Schöpferin und Partnerin – die blaue Gaia
- Gaia als Liebesgöttin der Philosphäre – die grüne Gaia

Vom Aufbau der Philosphäre

Die oben dargestellten göttlichen Ausdehnungen der Philosphäre weisen darauf hin, dass der Liebessphäre der Erde eine sakrale Qualität innewohnt, die wir noch nicht angesprochen haben. Sie ist nicht »nur« eine der sphärischen Körper der Erde (Lithosphäre, Atmosphäre, Hydrosphäre, Biosphäre, Noosphäre), die wir am Anfang des Kapitels erwähnt haben, sondern enthält ein Geheimnis, das wir erkennen sollten und nicht übersehen dürfen.

Meiner Einsicht nach, die sich unerwartet während des Schreibens dieses Buchs einstellte, entwickelte sich die Liebessphäre der Erde aufgrund einer Kollision mit einem Stern, die ich als eine kosmische Liebesbeziehung erfahre. Die Erde traf auf einen Partner und integrierte ihn in ihren planetaren Körper. Das geschah in einer Epoche, als sie noch nicht ihren jetzigen festen Körper besaß und auch noch nicht den wässrigen Körper wie in der Zeit von Atlantis. Es könnte sich demnach um die noch viel ältere Epoche von Lemurien handeln, als die Erde in der Form eines Lichtkörpers existierte.

Bei dieser kosmischen Kollision, die sich als eine heilige Hochzeit zwischen den weiblichen und männlichen Urprinzipien deuten lässt, wurden – wie bei einer Lichtexplosion – unzählige »Kinder« in Form von Klang- und Lichtsphären gezeugt. An vielen sakralen Orten der Erde sind sie als das tiefste Fundament ihrer Heiligkeit zu erspüren. Ich vermute, die Urvölker der Erde haben solche Plätze einen nach dem anderen entdeckt und sie als sakrale Orte erkannt. Es wurde dort getanzt, musiziert, und es wurden Rituale gefeiert. Nachfolgende Kulturen haben diese Orte weiter genutzt und neue sakrale Schichten darübergelegt, meist ohne zu wissen, woher die ursprüngliche sakrale Qualität eines solchen Ortes stammte.

Einer der Charakteristika dieser Art sakraler Orte ist die besondere Lichtqualität, die das Licht auf besondere Art und Weise erstrahlen lässt, als ob das Licht des Mondes und der Sonne – so wie wir es heute erfahren – vereint wären. Die zweite Besonderheit dieser »Kinder der Liebe« ist der Klangcharakter dieses Lichts, das nicht nur als Licht, sondern auch als ein für uns unhörbarer Klang anwesend ist. Sie klingen unentwegt, jedes auf seine eigene Art, und erschaffen so gemeinsam eine Sphärenharmonie, die für die Existenz der Philosphäre der Erde grundlegend ist.

Der spezifische Klangcharakter der mit der kosmischen Liebe fundierten Orte kann mit einer bestimmten Gaia-Touch-Übung erfahren werden, die ich für diesen Zweck umbenennen möchte – weil ich sie jetzt auf eine ganz neue Art und Weise verstehe. Sie ist ein Geschenk der Landschaftsgöttin der italienischen Stadt Siena:

Gaia-Touch-Übung zur Wahrnehmung eines Ortes anhand seines für uns unhörbaren Klangs

- Die Hände sind an beiden Seiten des Körpers positioniert, die Finger der jeweiligen Hand sind in einem Punkt zusammengeballt.
- Dann bewege die zusammengeballten Finger beider Hände vor dem Körper aufeinander zu, wobei die Finger sich immer weiter öffnen.
- Wenn sich beide Hände vor dem Körper treffen, sind die fünf Finger beider Hände so weit wie möglich gespreizt.
- Stell dir im Moment des Zusammenstoßes der jeweiligen Fingerspitzen vor, zwei Zimbeln würden zusammenstoßen.
- Der für uns unhörbare Ton, der so entsteht, erzeugt die Resonanz mit der Philosphäre des gegebenen Ortes.
- Wiederhole die Übung einige Male, dann lausche in das eigene Innere, um die Ausdehnungen des Ortes in Bezug auf die Philosphäre wahrzunehmen.

Eine weitere Besonderheit der Orte, die als Brennpunkte der Philosphäre am Erdkörper wirken, ist ihr geometrischer Charakter, der auch als »sakrale Geometrie« bezeichnet wird. Es handelt sich hier nicht um ein greifbares Phänomen, sondern um eine subtile Ausbalancierung verschiedener Ausdehnungen der örtlichen Philosphäre, die mit Hilfe von

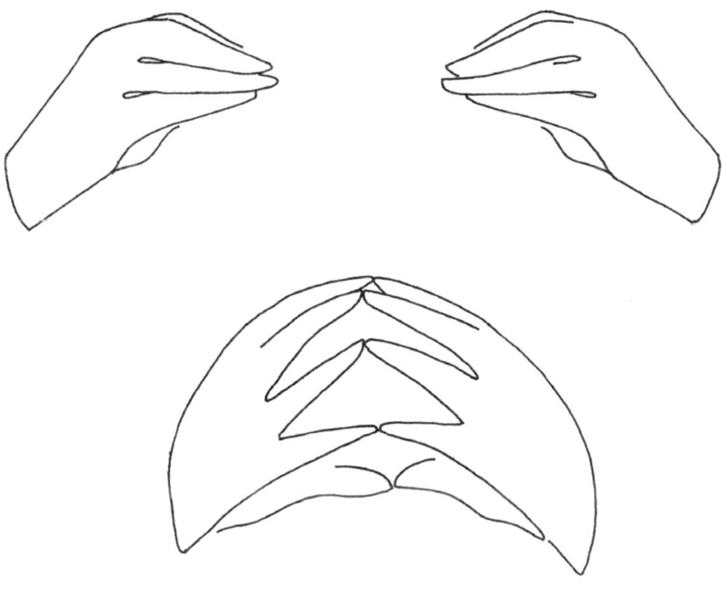

Gaia-Touch-Übung zur Wahrnehmung eines Ortes anhand seines für uns unhörbaren Klangs

geometrischen Formen und Proportionen zustandekommt. Mit Hilfe der sich in jedem Moment neu aufbauenden Gleichgewichtssysteme werden die Klangmuster der Philosphäre den geometrischen Mustern folgend geordnet und für die Verkörperung in den Liebesbeziehungen bereitgestellt – seien es nun Liebesbeziehungen in der Natur, unter den Wesenheiten des Erduniversums oder zwischen den parallel existierenden Weltensphären.

Beim Aufbau unseres Buchs bin ich bemüht immer auch Wesenheiten zu nennen und möglicherweise auch zu beschreiben, die einen bestimmten Aspekt des Erduniversums hüten und pflegen. Gibt es in diesem Sinne auch Wesenheiten der Philosphäre? Ja, es gibt sie, aber sie sind kaum wahrnehmbar und fast durchsichtig. Ihr einziges Merkmal ist ein einzelnes Auge, das mich an das »Dritte Auge« beim Menschen erinnert. Offensichtlich schauen die Wesenheiten der Philosphäre mit diesem Auge so wie wir mit unseren zweien. Was ich von ihrer Präsenz wahrnehme, ist eine leicht gekrümmte aufrechte Linie, die wie eine Wirbelsäule erscheint, an deren unterem Ende ein Ankerpunkt und am oberen Ende ein Auge sitzt. Der Ankerpunkt hat die Aufgabe, die Liebessphäre der Erde in ihrer Steinsphäre (Lithosphäre) verwurzelt zu halten, damit sie aufgrund ihrer subtilen Beschaffenheit nicht die Erde verlässt und in der Weite des Universums verlorengeht. Rund um das Auge befinden sich samenähnliche Brennpunkte, von denen immer wieder Impulse ausgehen, um die Philosphäre auf verschiedenen Ebenen zum Blühen zu bringen.

Gibt es ähnliche Wesenheiten der Liebessphäre auch innerhalb unseres neu sich offenbarenden Herzsystems? Ja, es gibt sie! Das sind die winzig erscheinenden Riesen, denen wir ein Kapitel im Zusammenhang mit dem neuen Herzsystem gewidmet haben: Es sind die uralten Meister des Herzens.

Die Herzzentren von Gaia

Nun stellt sich die Frage, wie Gaia heutzutage wirkt, um die Liebessphäre der Erde in der manifesten Welt aufrechtzuerhalten und zu nähren. In der modernen Geomantie als einer ganzheitlichen Ökologie kennen wir

Die Wesenheiten der Philosphäre

den Begriff des Herzzentrums bezüglich eines Ortes. Die Herzzentren in einer Landschaft orten wir gewöhnlich durch die Resonanz mit dem menschlichen Herzzentrum. Gibt es in der Landschaft bislang noch nicht manifestierte Brennpunkte des Herzens, die zeitgleich mit der Offenbarung des neuen mehrdimensionalen Herzsystems beim Menschen wahrnehmbar werden?

Während ich schon an diesem Buch schrieb, wurde mir diese Frage bei einer Werkstatt in Wien, die dem neuen Herzsystem in der Stadtlandschaft gewidmet war, zum Teil schon beantwortet. Bei der Vorbereitung habe ich zusammen mit meinen Mitarbeiterinnen Gudrun und Maja in den Parklandschaften von Wien einige solcher Herzquellen entdeckt. Offensichtlich besteht die Absicht ihrer Aktivierung in dieser dramatischen Zeitepoche der Wandlung darin, die Philosphäre der Stadt mit Hilfe dieser neuen Liebesquellen zu erneuern. Ich konnte dreien von ihnen einer bestimmten Qualität zuordnen, obwohl es noch wesentlich mehr Forschung bedarf, um die Philosphäre der Landschaft zu erkunden.

Im Volksgarten in der Nähe der kaiserlichen Paläste fanden wir drei in einer Reihe angeordneter Herzquellen, die an das Drei-Herzen-System beim Menschen erinnern. Es wurde sogleich deutlich, dass es sich nicht etwa um eine Projektion des neuen Herzsystems des Menschen auf die Landschaft handelt. Die Komposition der drei Herzzentren ist vielmehr genau dem angepasst, was Gaia als ihr Liebesgeschenk an die Stadtlandschaft und an ihre Bewohner ausgießen möchte.

Die drei Gaia-Herzen sind durch ein einheitliches Liebesfeld miteinander verbunden, das ich auf der Höhe meines eigenen elementaren Herzens spüre. Das Liebesfeld – wir haben es oben auch »Anwa« genannt – gleicht einer Fläche von Plasma, die sich anfühlt wie eine Synthese der Elemente Wasser und Luft.

Das mittlere Zentrum ist mit der Reproduktion eines antiken Tempels aus weißem Marmor gekennzeichnet. Durch verschiedene innere Bilder und Eingebungen verstanden wir die Absicht von Gaia, an diesem Ort einen subtilen sphärischen Raum zu erschaffen, in dem die zwei Hälften der Menschheit – die auf der Erde verkörperten und die der geistigen Welt – wieder zueinanderfinden können. (Dieses Thema wurde ausführlich in Kapitel 5 behandelt.) Gaia erschafft an solchen Orten eine weiße

Liebessphäre, die es der verkörperten und der im Seelengewand lebenden Wesen der menschlichen Familie ermöglicht, sich erneut als eine einheitliche, mit dem gemeinsamen Herzen beschenkte Familie zu erleben.

Links vom Tempel steht eine riesige Platane, die auf dem Stamm ein sphärisches Zeichen mit einer eingeschriebenen unbekannten Zeichensprache ausgebildet hat. Durch die Platane hält Gaia eine vertikale Frequenzleiter aufrecht, um das erwähnte Liebesfeld mit den verschiedenen Dimensionen zwischen Erde und Himmel zu bereichern. Ich vermute, diese Art von Herzzentren sollen sicherstellen, dass die neu entstehenden Liebesfelder alle Wesenheiten des Lebens, einschließlich der Menschen, dazu inspiriert, die Qualität der Philosphäre in alle Ausdehnungen des irdischen Universums zu tragen. Dadurch bekommt die Liebeskraft der Erde eine weltschöpferische Komponente, ein Geschenk der *blauen Gaia*.

Das dritte Herz in dieser Reihe erscheint äußerlich in Form einer dreiteiligen Gartenanlage, die in Erinnerung an die österreichische Kaiserin, kurz »Sissi« genannt, dieser gewidmet ist. Im Kausalbereich hinter der Gartenanlage konnten wir die Absicht von Gaia erkennen, die Menschheit durch die Möglichkeit einer Verkörperung auf Erden liebevoll zur Entdeckung ihres wahren Selbst zu führen.

Der erste Teil der Anlage in der Form eines Sterns mit einer Kugel in der Mitte erweckt in der Seele den Wunsch, sich aus der ätherischen Ebene auf die verkörperte Erde niederzulassen. Die zweite Sequenz des Gartens liegt in einer Vertiefung der Landschaft und steht für das Eintauchen in die Welt der Materie. Der dritte Teil hat die Form einer abgerundeten Apsis. Das menschliche Wesen wird in dieser dritten Phase mit der Liebe der *grünen Gaia* durchströmt und auf die Ebene seines wahren Selbst gehoben – zusammen mit seinem durchlichteten Körper.

Auf der Suche nach einem sakralen Ort, der die Spuren der oben erwähnten kosmischen Kollision zeigt, die wir als eine heilige Hochzeit zwischen den weiblichen und männlichen Urprinzipien gedeutet haben und letztlich als den Ursprung der Liebessphäre der Erde, kam mir der Bled-See in den Sinn. Dieser See ist einer der touristisch meistbesuchten Orte in meiner Heimat Slowenien, der besonders durch die Insel bekannt ist, die in seiner Mitte liegt. Noch in jüngster Vergangenheit war die Insel von Bled einer der wichtigsten Wallfahrtsorte unseres Landes, und sie ist der Heiligen Mutter Maria gewidmet. Es ist überliefert, dass dort vor der Christianisierung das Heiligtum der slawischen Liebesgöttin stand.

Während meiner geomantischen Werkstatt in Bled im Juni 2022 versuchten wir als Werkstattgruppe wahrzunehmen, wie der Ort der heiligen Hochzeit heute auf uns wirkt. Um die tiefen Schichten der Insel wahrnehmen zu können – die Insel mit der Kirche ist eigentlich ein riesiger Felsen mitten im See – hoben wir den Felsen der Insel in unserer Imagination ein wenig an. In dem Augenblick erlebte ich in meiner inneren Wahrnehmung, wie ich durch einen Wasserstrudel in die Tiefe unterhalb der Insel gezogen wurde:

Dort erblicke ich einen hohen, aufrechtstehenden Kristall, der an einen Rubin erinnert. Ich spüre, dass dieser Kristall einer der erwähnten »Kinder der Liebe« ist, die bei der heiligen Hochzeit von Gaia und dem Gast aus dem Universum gezeugt wurden. Dieser Eindruck wird noch bestätigt durch eine kaum sichtbare Schar von Pilgern kaum größer als eine Ameise, die sich dem Kristall nähern, ihn berühren und dann fortlaufen. Ich erkenne sie als die Meister des Herzraums, die oben erwähnten winzig erscheinenden Riesen. Ich vermute, sie kommen hierher, um sich durch den Kontakt mit dem Rubin von neuem mit dem Ursprung der Philosphäre zu verbinden. Nun erkenne ich auch, dass an dem Kristall eine Lichtsphäre angeschlossen ist, die aus Farben und Klängen besteht und die ganze Insel umhüllt. Für mich ist klar, dass es sich dabei um die Philosphäre der Insel von Bled handeln muss.

Kapitel 11
Die Philosphäre der Gesellschaft

Zum Abschluss unseres gemeinsamen Weges möchte ich noch einmal die Frage aufwerfen, ob es auch in der menschlichen Gesellschaft Liebesnetzwerke gibt, die auf eine ähnliche Art und Weise schwingen wie die in der Natur und der Landschaft.

In diesem Zusammenhang muss ich leider als erstes auf die teilweise Zerstörung der Philosphäre hinweisen, die durch die potenten elektromagnetischen und kybernetischen Netzwerke angerichtet wird. Besonders in den urbanen und industriellen Bereichen entstehen breite Löcher in den Lebens- und Liebesnetzwerken der Landschaft. Die zweite Ursache für die Beeinträchtigung der Philosphäre sind die periodisch in der menschlichen Welt auftretenden militärischen Handlungen. Es vergeht kein einziger Tag, ohne dass von einem neuen Kriegsgeschehen berichtet wird, das in einem der Länder, die alle zur Familie der verkörperten Menschheit gehören, stattfindet. Dahinter steht ein archetypisches Muster: Schon die alten Griechen vermählten ihre Liebesgöttin Aphrodite mit dem Kriegsgott Ares, und die Römer folgten dieser bizarren Tradition, indem sie Venus in eine Ehe mit dem Kriegsgott Mars zwangen.

Welchen Sinn hat es da heute, noch über Liebesbeziehungen zu sprechen und darüber zu schreiben? Sind wir als einzelne Menschen, Paare und Gruppen in der Lage, den Verlust der Liebesnetzwerke in der Natur und allgemein in der manifesten Welt durch unsere bewusste Erkenntnis und die Aktivierung des neuen, hier beschriebenen Herzsystems zu ersetzen?

Die Antwort auf die gestellte Frage ist trotz der oben aufgezählten Störfaktoren ein klares »Ja«. Doch bedeutet dies nicht, dass der Menschheit beim Thema der Liebessphäre eine herausgehobene Stellung zukäme, vielmehr haben die Menschen – wie alle anderen Wesenheiten auf den verschiedenen Ebenen des Erdkosmos auch – eine ganz bestimmte Aufgabe innerhalb des großen Ganzen zu erfüllen. Könnte diese den Menschen übertragene Aufgabe nicht darin bestehen, uns des Herzsystems in unserer Brust bewusstzuwerden, das all die verschiedenen Quellen der Liebeskraft bündeln kann, um sie auf der manifesten Ebene in liebevolle Taten umzusetzen? Wurden wir nicht genau deshalb mit einem auf den verschiedenen Ebenen der Existenz schwingenden Herzsystem beschenkt, um uns zu befähigen, die kosmische Kraft der Liebe *bewusst* in den Beziehungen zwischen den Wesenheiten der Natur, der elementaren Welt und in den zwischenmenschlichen Beziehungen aufrechterhalten zu können, und damit diese kosmische Kraft irdischen Ursprungs auf die Ebene zu erheben, die der Liebe gebührt?

Wenn dem so ist, dann stellt sich die Frage, auf welche Art und Weise wir die Aufgabe, die mit unserem Geschenk eines neuen Herzsystems verbunden ist, in einer Welt verwirklichen können, die sich mit aller Macht dagegen stemmt, die Liebe als eine weltschöpferische Kraft anzuerkennen und ihr den gebührenden Platz auf der manifesten Erde zuzugestehen?

Neue Liebessphäre der Erde im Aufbau

Der Mut zum Aufruf, die Philosphäre der Erde wieder neu aufzubauen, wurzelt in meinem Empfinden beim Anblick von zwei fast identischen Bildern der Mutter des Lebens in der Kirche San Francesco della Vigna in Venedig, geschaffen von zwei unbekannten Meistern der frühen Renaissance. Eines davon habe ich für mein Buch »Venedig – Embryo des neuen Erdenraums« gezeichnet: Als Erdmutter ernährt uns Gaia in der Gestalt der Madonna und hütet gleichzeitig das Urbild unseres Menschseins. Wenn das Kind auf dem Gemälde, das von seiner Mutter gestillt wird, das Menschenwesen repräsentiert, so ist nicht zu übersehen, dass sein Gesicht sich im Spiegel eines Amuletts nochmals im Herzen von Gaia spiegelt. Es ist auch möglich, es umgekehrt zu sehen. Die Vision eines vollkommenen Herzsystems, das Gaia in ihrem Herzen trägt, wird auf das Antlitz des Menschen übertragen, verbunden mit der Aufgabe, es zu verkörpern und in praktische Taten der Liebe umzusetzen. Wie können wir diese Aufgabe angesichts des von einem starken Gegenwind geprägten Zeitalters bewältigen?

Gaia als Mutter Erde nach dem Gemälde eines unbekannten Meisters in der Kirche San Francesco della Vigna in Venedig

Was den Aufbau der erneuerten Philosphäre initiieren kann, auch unter den schwierigen äußeren Umständen, wäre zuerst die Erkenntnis und Anerkenntnis der Existenz der Liebesquellen in der Natur sowie die in einer inneren Schau offenbarten und neu entdeckten Herzsysteme in jedem einzelnen Menschenwesen. Zu diesem Zweck sind wir dem teilweise verwinkelten Weg dieses Buchs gefolgt. Noch wichtiger wäre es, die Übungen zu praktizieren, die zum Schluss aufgelistet sind – oder auch ähnliche, die zu diesem Zweck komponiert wurden.

Durch die innere Erfahrung der Liebesquellen und der Brennpunkte des eigenen Herzsystems wird das Potential der Philosphäre, das im Wasserkörper des Menschen wirkt, immer mehr verkörpert und geerdet. Dieser Prozess findet nicht nur im inneren Erleben jedes einzelnen Menschen statt, sondern zeigt sich auch unmerklich im täglichen Leben und eröffnet uns neue Möglichkeiten. Wir Menschen lernen, eigene Konflikte und unglückliche Situationen auf eine viel kreativere und friedlichere Art zu meistern, als es vorher der Fall war. Wir verhalten uns nicht nur liebevoller unseren Mitmenschen gegenüber, sondern wir öffnen uns auch gegenüber unserer eigenen elementaren Natur.

Eine andere Möglichkeit, den Aufbau der neuen Philosphäre zu unterstützen, besteht darin, die Qualität der menschlichen Beziehungen zu erhöhen; das gilt für die männlich-weiblichen Partnerbeziehungen genauso wie für die weiblich-weiblichen und männlich-männlichen. Ob es um sexuelle Liebesbeziehungen oder um kreative Partnerschaften geht, in jedem Fall können wir zum Wiederaufbau der Philosphäre beitragen – vorausgesetzt, die im Buch dargestellten Herzquellen werden bewusst oder intuitiv in unser Beziehungsgeflecht eingewoben. Sonst kann sich der kosmische Tanz der Synergie zwischen den einzelnen neu entdeckten Liebesquellen nicht entfalten, weil die Beziehungen zu oberflächlich bleiben, um heilend auf die Philosphäre des gegebenen Raums einwirken zu können.

Ich möchte betonen, dass ich den einzigen glaubwürdigen Weg für den Wiederaufbau der Philosphäre der Gesellschaft darin sehe, diesen in die Wandlungsprozesse der Erde einzugliedern. Über diese haben wir schon ausführlich zu Beginn unseres Buchs gesprochen. Mit dem Begriff der Erdwandlung bezeichne ich einen teilweise unsichtbaren Prozess, dessen

Phänomene ich seit Spätherbst 1997 beobachte. Dabei geht es darum, dass die Erde als ein mit dem elementaren Bewusstsein durchdrungener Planet ihre Gestalt in den subtilen Bereichen ihres planetaren Körpers schrittweise und unmerklich, aber bewusst wandelt. Dadurch entsteht ein mehrdimensionaler Erdraum, der die uns vertraute Existenz der dreidimensionalen Wirklichkeit nicht auslöscht, sondern in eine neue und weiter gefasste Raumkomposition einbezieht.

Gleichzeitig und parallel dazu verwandelt sich auch das menschliche Wesen. Die Traumata und Blockaden, die in jenen Epochen entstanden sind, als die Menschen sich von Gaia und den Wesenheiten des Erduniversums getrennt haben, werden nun im Leben sowohl auf persönlicher wie auch auf kollektiver Ebene sichtbar, um erlöst zu werden. Schritt für Schritt und unter großen Schwierigkeiten entsteht zusammen mit der neuen Erde auch eine neue Kultur, die ich Gaiakultur nenne – siehe dazu das vorherige Buch »Die Gaiakultur erschaffen«.

Ich hoffe, dass das Buch, das ihr in Händen haltet, und eure Aufmerksamkeit für die Themen, die darin erörtert werden, dazu beitragen, eine Gaiakultur zu erschaffen, welche die Erneuerung der Philosphäre auf Erden als Priorität voranbringt.

Manifest der Neuen Erde

Während ich noch an diesem Buch schrieb, eröffnete ich zusammen mit Gudrun Kargl und meiner Cousine Maja Pogačnik eine Kunstausstellung in der Galerie des Schlosses Porcia in Spitall an der Drau (Österreich) mit dem Titel »Die Neue Erde«. Für die Ausstellung hatte ich folgendes Manifest entworfen und mit Holzkohle an die Wand geschrieben:

- Die neue Erde ist keine andere Erde als die, auf der wir stehen, laufen und wirken.
- Die neue Erde ist ein Geschenk an alle Wesenheiten – an die in der Materie verkörperten als auch an die auf den subtilen Ebenen der Wirklichkeit existierenden, an alle, die das Leben auf Erden genießen, schöpferisch umsetzen oder umwandeln.
- Damit alle Wesenheiten der Erde zukünftig genügend Raum für ihre friedvolle Entfaltung finden können, hat sich die Erde entschlossen, die Tore zu öffnen, die zu den anderen Dimensionen ihres Hyperraums führen.
- Der Hyperraum der Erde ist vorerst ein Bewusstseinsraum, beseelt durch Gaia, durch ihr kosmisch-schöpferisches Bewusstsein.
- Der Hyperraum der Erde ist in viele Räume gegliedert, von denen der materialisierte Raum einer von vielen und anders beschaffenen Räumen ist.
- Die auf verschiedenen Ebenen schwingenden Räume des irdischen Hyperraums existieren zwar unabhängig voneinander, sind aber durch interdimensionale Portale miteinander verbunden.
- Dem Menschen sind zwei Sphären des irdischen Hyperraums zugeordnet. In der einen leben wir verkörpert, in der anderen leben wir als geistig-seelische Wesenheiten.
- Beide Sphären der menschlichen Existenz sind gleichwertig und werden vom Menschen zyklisch nacheinander bewohnt.
- Der Sinn des menschlichen Seins liegt nicht darin, zum Zerstörer der Erde zu werden, sondern sich zu einem all-verbindenden und cokreativem Liebhaber der Schöpfung Gaias zu entwickeln.

Kapitel 12
Übungen und Imaginationen

Willkommen bei den Übungen! Ich wünsche, dass sie euch gelingen und kostbare Erfahrungen bringen. Meine Übungen sind gewöhnlich eine Komposition von Imaginationen und gewissen minimalen körperlichen Aktivitäten. Auf diese Weise entsteht eine Synergie, die die Tore zur Erfahrung öffnet. Dabei möchte ich klarstellen, dass Imaginationen (Vorstellungen) keine Visualisierungen sind, also keine mentalen Projektionen. Imaginieren heißt, die erschaffenen Bilder mit den entsprechenden Gefühlen zu durchdringen. Manchmal erfordert es etwas Übung, um die körperliche Bewegung, die oft auch imaginativ ist, mit der gegebenen gefühlten Vorstellung in ihrer Gleichzeitigkeit zu koordinieren.

BÄUME UND PFLANZEN

1. Das innere Leben eines Baums erfahren

- Stell dir vor: Ein Baum steht hinter deinem Rücken – wenn du willst, kannst du dir einen Baum vorstellen, den du kennst, aber das ist nicht notwendig.
- Nun geh einige Schritte rückwärts, als ob du durch den Baumstamm hindurchgehen würdest. Nachdem du durch das Innere des Baums hindurchgegangen bist – wie fühlt es sich an?
- Dieselbe Übung kannst du auch mit einem manifesten Baum vollziehen. Dabei stehst du einige Schritte vor dem Baum und wendest ihm den Rücken zu. Nun gehst du wieder einige Schritte rückwärts und schreitest durch den Baum hindurch (natürlich imaginativ!). Was fühlst und empfindest du dabei?

2. Liebesbeziehungen zu einem Baum entwickeln

- Suche dir einen älteren solitären Baum aus und stell dich mit dem Rücken zum Baumstamm hin. Achte darauf, dass sich der Rand seiner

Krone über dir befindet. Wir wissen, dass sich bei einem Baum die Wurzeln in der Erde so weit ausdehnen, wie die Krone breit ist.

- Nun stell dir vor, dass der Baum mit einer Astspitze deinen Schädel berührt und mit den Wurzeln deine Fußsohlen.
- Weiter stell dir vor und spüre, wie du die Berührung der Wurzel bis zu deinem Herzraum hinaufführst und die Berührung der Astspitze bis zu deinem Herzen hinunter, so dass beide sich in deiner Herzmitte begegnen. Nimm dir Zeit, um diese Liebesbegegnung in deinem Inneren zu erspüren und zu genießen.

3. Die Liebesbeziehungen unter den Bäumen erfahren

- Geh in den nächsten Wald und stell dich zwischen den Bäumen auf.
- Stell dir vor, wie sich ausgehend von deiner Herzmitte weiße Fäden zu den Bäumen in deiner Umgebung aufspannen. Dabei sollten die Fäden höher an den Baumstämmen (imaginativ!) befestigt werden, als deine Gestalt hoch ist.
- Dann beuge ein wenig deine Knie, so dass du mit deinem Gesäß etwas näher an den Boden kommst, und vollführe einen kleinen Sprung nach oben. Mach dir keine unnötigen Sorgen, die Bäume selbst werden dich dabei auf die Höhe anheben, wo sie ihre Liebesfelder aufrechterhalten.
- Schließe in diesem Moment die Augen, um das Liebeskraftfeld des Waldes zu spüren – oder behalte die Augen offen, wenn dir das lieber ist. Genieße jedenfalls die »Anwa« des Waldes, bis du wieder auf dem Boden gelandet bist.
- Du kannst die Übung wiederholen, bis du die Koordination zwischen deiner Vorstellung, deiner Körperbewegung und den Waldbewohnern hinbekommen hast.

4. Liebesduft der Blumen

- Komm mit deinem Gesicht näher an die ausgewählte Blume heran. Betrachte sie ein paar Momente liebevoll.
- Dann stell dir vor, du seist eine Biene und begäbest dich in das Innere der Blume – nicht um Honig zu holen, sondern ihren Innenraum zu erleben.

- Wenn du dort bist, bewege dich und drehe dich dabei oder mache sogar einen Purzelbaum, um möglichst viel von dem Liebesduft zu genießen.
- Wiederhole diese Imagination mit einer anderen Blume, um den Unterschied zwischen verschiedenen Arten von Blumen zu erspüren – und sei dankbar für die Erfahrungen.

5. Liebesbeziehungen zwischen den Pflanzen im Garten

- Setz dich gemütlich unter die Pflanzen im Garten.
- Um die »Anwa« der kleinen Pflanzen zu erfahren, musst du dich zuerst kleinmachen. Deine Imagination hat die Fähigkeit, dich in der Proportion zu den Pflanzen, die du innerlich erfahren möchtest, zu verkleinern.
- Nun bist du so klein, dass du zwischen den Pflanzen wie zwischen den Bäumen in einem Wald spazierengehen kannst.
- Nimm dein verkleinertes Selbst in einem bestimmten Moment in deine Herzmitte hinein, um die Liebesbeziehungen zwischen den Pflanzen wahrzunehmen. Danach kannst du deinen Spaziergang zwischen den Pflanzen fortführen.

STEINE UND BERGE

1. Den Stein als Bewusstsein erfahren

- Wähle den Stein aus, mit dem du kommunizieren möchtest.
- Du stehst vor dem Stein und gehst in deiner Vorstellung um den Stein herum, um ihn an seiner Rückseite zu berühren.
- Nun seid ihr beide, der Stein und du, auf der Ebene des Bewusstseins.
- Jetzt kannst du einfach in die Sphäre des Steins einsteigen und ihre Ausdehnungen erforschen.
- Nun komm in dein alltägliches Bewusstsein zurück und bedanke dich.

2. Den Stein in der Beziehung zum Herzen von Gaia erleben

- Du stehst vor einem Stein.
- Halte deine Hände auf der Ebene deines elementaren Herzens (Ebene der unteren Spitze des Brustbeins) mit der Handfläche nach oben waagerecht vor dir.

- Bringe deine Hände ein wenig nach vorn und stell dir vor, dass du nun die Hände unterhalb des Steins hältst.
- In deiner Imagination hebe den Stein ein wenig hoch.
- Wenn du den Stein hochgehoben hast, kannst du seine Beziehung zum Erdkern erleben und erforschen.
- Danach legst du den Stein wieder zurück auf den Boden und ziehst die Hände zum Körper zurück.

Die Übung sollte, besonders bei schweren Steinen, am besten in einer Kleingruppe ausgeführt werden, die um den Stein herumsteht. Eine Person sollte mit dem Wort: »Jetzt« das Signal geben, damit alle gleichzeitig mit der Handlung beginnen können. Danach werden die Erfahrungen ausgetauscht.

3. Berge, Steine und Kristalle umarmen

- Wenn du vor einem Berg stehst, halte beide Hände hoch, wobei die Handflächen vertikal aufgerichtet zueinander zeigen; ihre Distanz entspricht der von deinen Augen reflektierten Breite des Berges, so wie du ihn vor dir siehst.
- Danach machst du eine Geste, als ob du den Berg umarmen möchtest, indem du deine Hände um den Berg herumführst, bis sich die beiden Mittelfinger (am Rücken des Berges) berühren.
- Jetzt bringst du diese Umarmungsgeste (und damit auch den Berg) näher an deine Herzmitte heran. Lass dem Berg dabei aber genug Raum zum Atmen.
- Nun beginne, die Liebesbeziehung zwischen euch beiden zu erspüren.
- Danach öffne deine Hände, damit der Berg wieder auf seinen Platz zurückkehren kann.

Dieselbe Übung kann auch bei Steinen oder Kristallen angewandt werden; in diesem Fall achte vor der Umarmung darauf, dass du die Distanz zwischen deinen Händen der von deinen Augen reflektierten Breite des Steins oder des Kristalls entsprechend anpasst.

DAS PERSÖNLICHE ELEMENTARWESEN

1.

- Stell dir vor: In deiner Hüftschale gibt es einen flachen See.
- Von der Spitze deines Brustbeins fallen nacheinander Wassertropfen rhythmisch in den See, wobei ringförmige Wellen entstehen.
- Nun stell dir vor, dass diese eine wellenartige Resonanz auf den verschiedenen Ebenen deines Körpers erzeugen.
- Nun beginne, dich als Elementarwesen wahrzunehmen und zu erspüren.
- Heiße es willkommen.

2.

- Setz dich hin und stell dir vor, dass in jedem deiner beiden Knie ein Lichtkügelchen existiert.
- Diese beiden Kügelchen reisen auf verschiedenen Wegen durch deinen Körper, ohne einander zu treffen.
- Doch mitten in deinem Herzraum prallen sie aufeinander. Dabei entsteht ein Lichtfunken.
- Werde eins mit diesem Lichtfunken, um deinen elementaren Meister zu erleben und kennenzulernen.

DAS EINHEITLICHE LIEBESFELD DER MENSCHHEIT

1.

- Erinnere dich eines schon verstorbenen Menschen, den du liebhast oder von dem du ahnst, dass sie oder er eine Botschaft für dich hat.
- In diesem Moment ist nur das Gesicht dieser Person wichtig. Vergrößere ihr oder sein Gesicht, bis es den ganzen Raum vor dir erfüllt.
- Nun steh auf.
- Danach mach einen oder zwei Schritte auf das Gesicht zu, bis du dich mit dem Gesicht vereinst.
- Erspüre die Präsenz jener Seele und entwickle ein stilles Gespräch mit ihr.

2.

- Stell dir vor, dass auf deinen Schultern ein weißer Zylinder steht, der etwas höher ist, als du mit deinen Händen reichen kannst.
- Nun bewege deine Händen vorsichtig in den Zylinder hinein, so weit, wie du mit deinen Händen kommst.
- Bewege deine Finger in dem Zylinder, indem du der Sprache deiner Seele folgst, bis du den Kontakt mit der Sphäre der Seelen erspürst.
- Dann bringe deine Hände so weit auseinander, dass der Zylinder sich auflöst, und während du deine Hände ausgestreckt lässt, verbinde dich mit deiner Herzebene.
- Erspüre mit deinen Fingern, dass die Sphäre der geistigen Welt um dich herum existiert, allerdings auf einer anderen Schwingungsebene.

DAS DRACHENHERZ

- Setz dich auf einen gewöhnlichen Stuhl, so dass deine Oberschenkel geradeaus ausgerichtet sind, und neige deinen Kopf nach unten.
- Jetzt stell dir vor, dass eine Kraft aus dem Erdinneren gegen deine Fersen drückt und deine Füße dabei so weit hochhebt, bis sie deine Stirn berühren – die Bewegung ist imaginativ!
- Jetzt führe deine Hände um deine Füße herum und umarme sie, bis deine Mittelfinger einander berühren.
- Dann löse die umarmende Geste auf und bringe deine Hände an dein Herz.
- In dem Moment erspüre die Kraft und die liebende Weisheit des Drachen in dir.

DIE LIEBESSPHÄRE – PHILOSPHÄRE

1.

- Endscheide dich in deiner Imagination für einen Ort, den du kennst und der eine leicht schalenartige Form hat oder auf irgendeine Art von der weiblichen Qualität durchdrungen ist.

- Atme gemeinsam mit dem Ort, indem du dir vorstellst, dass der Atem bei der Einatmung aus der Erdmitte (aus dem Herzen von Gaia) bis zur Erdoberfläche hochgezogen wird.
- Bei der Ausatmung imaginiere, dass kleine Kugeln, fein wie Seifenblasen, ausgeatmet werden. Sie schimmern in Regenbogenfarben und füllen nach und nach den ganzen Raum aus.
- Danach steh auf und bewege dich eine Weile im Raum zwischen den »Seifenblasen«, um die Qualität der Philosphäre zu erleben.

2.

- Schaue in deiner Imagination in eine weite Landschaft, die vor dir liegt.
- Du siehst, dass sich an bestimmten Punkten der Boden öffnet und Flammen, gerade und aufrecht und aus kristallenem Licht, aus dem Boden hervorkommen.
- Die Flammen färben sich im oberen Bereich grün, was verdeutlicht, dass ihr Ursprung im Herzen der Erde zu suchen ist.
- Nimm wahr, wie die grüne Farbe der Liebesqualität danach eine feine grüne Kuppel über dem Ort bildet.
- Jetzt steh auf und begib dich unter diese Kuppel, um die Kraft und Liebe der Mutter des Lebens zu erfahren.

DAS SYSTEM DER DREI HERZEN

1.

- Forme mit deinen Händen vor deiner Herzmitte eine Mandorla, indem du mit dem Mittelfinger der einer Hand und dem Zeigefinger der anderen Hand sowie den beiden Daumen die Form einer Mandorla nachbildest. (Siehe die Zeichnung!)
- Bewege diese Mandorlaform zuerst nach links, um dich mit dem Herzmuskel zu verbinden, und danach nach rechts, um das Fraktal des gemeinsamen Herzens der Menschheit zu berühren.
- Bei der Bewegung der Hände nach links drehst du deinen Kopf leicht nach rechts, und bei der Bewegung nach rechts drehst du den Kopf

nach links. Damit wird angedeutet, dass die Bewegung nicht nur vorne stattfindet, sondern auch hinter dem Rücken.

- Zum Schluss bringst du deine Hände in der Mandorlaform wieder zur Herzmitte und dein Kopf schaut nach vorne.
- Nun öffne die Hände weit und werde dir deiner Herzkraft bewusst.

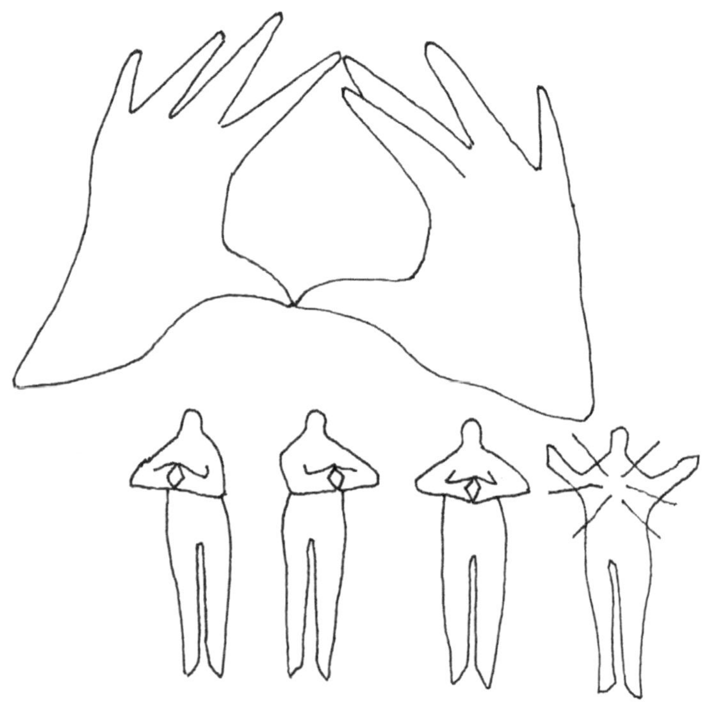

Gaia Touch Übung mit den »Drei Herzen«

2.

- Verbinde bei beiden Händen jeweils den Daumen und einen beliebigen der vier Finger miteinander.
- Berühre dann mit den beiden Fingerpaaren gleichzeitig den Herzmuskel an deiner linken und das Fraktal des gemeinsamen Herzens der Menschheit an der rechten Brustseite.
- Nun richte beide Hände geradeaus nach vorne. Die beiden Fingerpaare bleiben dabei weiter miteinander verbunden.
- Als nächstes führe die beiden Fingerpaare zusammen, bis sie in der Mitte vor deinem Herzzentrum zusammentreffen.
- Im Moment des Zusammentreffens entsteht zwischen den beiden Fingerpaaren ein intensives weißes Licht. Dieses weiße Licht steht für die Synergie des linken und des rechten Herzzentrums.
- Öffne nun deine beiden Hände, damit dich die Kernkraft des Herzens umhüllt.

DEN HERZRAUM ERLEBEN

- Um dich mit dem Herzzentrum hinter dem Rücken zu verbinden, solltest du fünf Schritte rückwärts gehen und – ohne eine Pause zu machen – wieder drei Schritte nach vorn. Wiederhole diese rhythmische Schrittfolge einige Male. Am besten versuchst du, diese Übung zuerst einige Male tatsächlich mit deinem Körper zu vollziehen und danach noch eine Weile imaginativ – wobei du dir vorstellen solltest, dass du in deinen Rückenraum hineinschreitest.
- Da du jedes Mal mehr Schritte nach hinten als nach vorne tust, wirst du nach einer gewissen Zeit die Schatzkammer deines Herzens finden, wo die Urbilder der Philosphäre beheimatet sind. Erspüre ihre Präsenz.
- Als nächstes wollen wir den Aspekt des Herzzentrums vor der Brust erfahren. Dafür schreitest du jetzt einige Male fünf Schritte nach vorn und drei wieder zurück. Wenn du es imaginativ tust, stelle dir vor, wie du in den Raum vor dir hineinschreitest.
- Nun kannst du deine Herzmitte erfahren, die genau mittig zwischen den zwei Teilzentren in deiner Brustmitte pulsiert.

RESONANZ ZUM FEENHERZ

- Setze dich so auf einen Stuhl, dass deine Oberschenkel geradeaus gerichtet sind. Stelle dir dabei vor, dass dein zweites Selbst auf deinen Knien steht; da es kleiner ist als du, könnt ihr euch dabei genau in die Augen schauen. Verbinde dich durch den Augenkontakt mit deiner Essenz.
- Dann lass dein zweites Selbst höhersteigen, bis es auf deinen Schultern steht und in den Raum hinter deinem Rücken schaut.
- Was du nun aus der Perspektive deines zweiten Selbst vor dir siehst (im deinem Rückenraum), ist ein See, bedeckt mit einer ganz dünnen Eisschicht. Mach dich extrem leicht und laufe über diese Eisschicht auf die andere Seite des Sees.
- Dort stehst du vor einer aus ätherischen Materialien aufgebauten Stadt, die aussieht, als bestünde sie aus weißem Marmor.
- Geh in die Stadt hinein und bitte die Bewohner um den Schlüssel, der es dir ermöglicht, deine eigene feenartige Ausdehnung zu erfahren.
- Danach kehre mit dem Schlüssel in der Hand denselben Weg zurück, um deinen Feen-Aspekt in dir selbst zu erspüren.

BEZIEHUNG ZUR TIERWELT

- Stell dir vor, eine junge Hirschkuh auf deinen Knien zu halten. Erspüre ihre Präsenz.
- Erspüre danach ihr Liebesfeld, mit dem es deinen Herzbereich berührt.
- Dann lass gewisse Qualitäten deines Herzsystems in das sich zwischen euch aufbauende Liebesfeld hineinfließen.
- Lausche auf die Antwort ihres Liebesfeldes.
- Bedanke dich und steh auf, um die Hirschkuh wieder ihrem Naturraum zu überlassen.

SCHUTZÜBUNG: ELEMENTARE SCHUTZENGEL UM HILFE BITTEN

In Kapitel 9 berichte ich über Schutzengel im elementaren Gewand. Bei der Übung, die ich vorschlage, um sie zur Hilfe zu rufen, handelt es sich um ein Kinesiogramm. Kinesiogramme stellen ähnlich wie Kosmogramme eine Form der universellen Sprache dar, die ich in den 80er Jahren des vorigen Jahrhunderts entwickelt habe. Das Wort bedeutet »Zeichen, die Kräfte bewegen«.

Die dazugehörige Zeichnung zeigt die Form des Schutz-Kinesiogramms. Die Form des Kreuzes in Gestalt des Buchstaben »X« steht für eine abwehrende Haltung, und die vier Ecken des Kreuzsymbols repräsentieren die vier im Buch dargestellten Herzquellen, die in der Mitte der Brust, im Herzzentrum fokussiert sind. Das bedeutet, dass es sich hierbei nicht um einen Schutz handelt, der mit Gewaltanwendung einhergeht, sondern um einen, der unter Mitwirkung aller fünf Zentren des neuen Herzsystems hergestellt wird.

- Zeichne das Kinesiogramm mit den fünf in einem Punkt zusammengeballten Fingern, indem du sie im Raum vor dir entsprechend bewegst. Entscheide dich für eine deiner beiden Hände und strecke die ausgewählte Hand beim Zeichnen vor dir aus.
- Beginne in einer der vier Ecken des Kinesiogramms und zeichne es mit deinen Fingern in die Luft, ohne die Bewegung dabei zu unterbrechen (vergleiche dazu die Zeichnung). Wiederhole diesen Prozess in einer feierlichen Einstellung einige Male hintereinander.
- Danach wirst du erfahren, dass der Schutz nicht von außen wirkt, sondern aus deinem Herzinnern heraus.

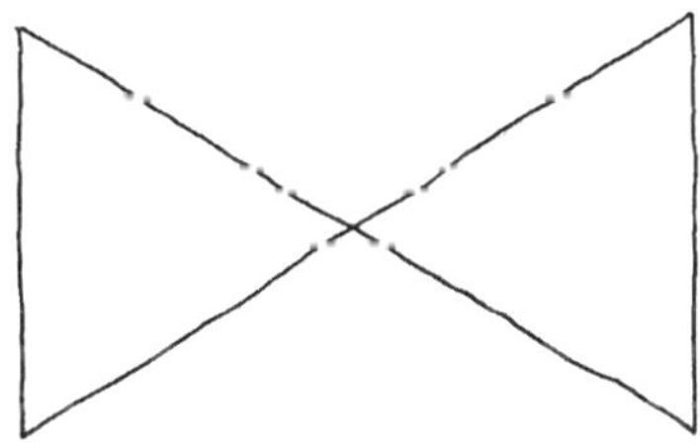

Kinesiogramm: die elementaren Schutzengel um Hilfe bitten

Im Buch erwähnte Literatur

Ana Pogačnik: *Menschsein im Jetzt*: wwwmenschsein-im-jetzt.de
David Spangler: *Engaging with the Sidhe*, Lorian Press, USA, 2017
Marko Pogačnik: *Universum des menschlichen Körpers*, AT Verlag, 2015
Marko Pogačnik: *Wandlungstanz der Erde*, Neue Erde, 2019
Marko Pogačnik: *Erdweisheit und Christuskraft*, Neue Erde, 2020
Marko Pogačnik: *Venedig – Embryo des neuen Erdenraums*, zusammen mit dem Fotoband von Bojan Brecelj, Neue Erde, 2021
Marko Pogačnik: *Die Gaiakultur erschaffen*, Neue Erde, 2022

Über den Autor

Marko Pogačnik (1944) lebt mit seiner Frau Marika in Šempas, Slowenien. In den 1960er Jahren wirkte er als Konzeptkünstler im Rahmen der OHO Gruppe. Danach entwickelte er die »Lithopunktur«, eine Methode der ökologischen Heilung gekoppelt mit der Kunst der Kosmogramme. Seit 22 Jahren begleitet er die gegenwärtigen Erdwandlungen. In diesem Zusammenhang arbeitet er an der Entwicklung der »Gaia Touch« Übungen und der Begründung der planetaren Gaiakultur. Zusammen mit einem internationalen Team baut er seit 2005 die Geopunkturkreise in verschiedenen Ländern von Europa und Amerika. Bücher unter anderen: Elementarwesen, Schule der Geomantie, Erdsysteme und Christuskraft, Liebeserklärung an die Erde, Das geheime Leben der Erde, Quantensprung der Erde, Synchrone Welten, Sprache der Kosmogramme, Universum des menschlichen Körpers.

www.markopogacnik.com

Marko Pogačnik
Wandlungstanz der Erde
Ein Begleiter durch die
Herausforderungen der jetzigen Zeit
Klappenbroschur, 208 Seiten
ISBN 978-3-89060-762-7

Mitgehen in der großen Umwandlung der Erde

Es ist unmöglich, die auftauchenden ökologischen und sozialen Herausforderungen allein auf der physischen Ebene zu lösen – die archetypischen Ebenen verlangen nach Aufmerksamkeit. Mit ihnen befasst sich der weltbekannte Bildhauer, Land-Art-Künstler und Geomant Marko Pogačnik schon lange. Und mit diesem Buch möchte er allen, die für diese Ebenen offen sind, helfen, sich auf die kommende Zeit einzuschwingen und die Erde in ihrem Wandlungstanz zu begleiten.

In diesem Buch nimmt der Autor seine Leserschaft mit in seine Träume. Ihre nicht-logische, aber frappierend klare Bildsprache zeigt ungeschönt den heutigen Zustand der Erde und der Menschheit. Sie zeigt auch den unabwendbar stattfindenden Transformationsprozess, der – wie bereits viele spüren – schon begonnen hat. Dieser Umwandlungsprozess ist ein Tanz, der unsere aktive Teilhabe notwendig macht, und dazu bietet Marko Pogačnik praktische Körperübungen, die er »Gaia Touch Rituale« nennt. Durch sie können wir uns energetisch und mit unserem ganzen, also dem linken und dem rechten Gehirn, auf die neuen Lebensbedingungen auf der Erde vorbereiten.

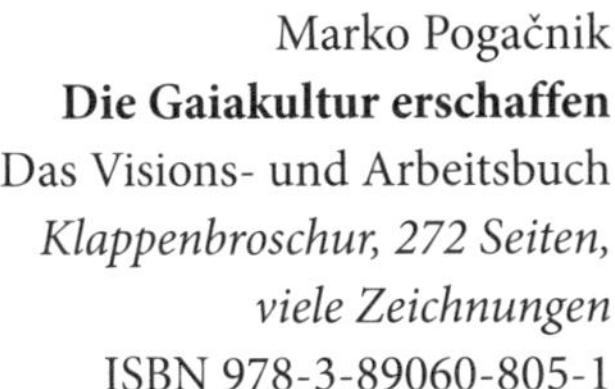

Marko Pogačnik
Die Gaiakultur erschaffen
Das Visions- und Arbeitsbuch
Klappenbroschur, 272 Seiten, viele Zeichnungen
ISBN 978-3-89060-805-1

Mitwirken an der planetarischen Transformation

Die Menschheit steht an der Schwelle einer neuen Phase der Erdentwicklung. Atemberaubende Möglichkeiten – im Einklang mit der Evolution des Universums – sind nun zum Greifen nah. Doch es stellt sich die Frage: Hat die Menschheit die zündenden Ideen, die weise Voraussicht und das entsprechende Handlungspotential, um eine Kultur zu erschaffen, die mit der Transformationsphase des Planeten einhergeht?

Inmitten der sich zuspitzenden ökologischen Krisen eröffnet uns Marko Pogačnik hoffnungsvolle Perspektiven. Nach jahrzehntelanger intensiver Arbeit im Feld der holistischen Ökologie (Geomantie) und Erdheilung entwirft er jetzt die Vision einer Kultur, die sich auf die Zusammenarbeit mit Gaia (der Erde), ihren elementaren Welten und Wesen paralleler Evolutionen stützt. »Gaiakultur erschaffen« ist ein Arbeitsbuch mit Dutzenden von Zeichnungen und meditativen Übungen, die dabei helfen, die Fähigkeit einer lebendigen Imagination zu erwecken und mentale Widerstände zu transzendieren.

Marko Pogačnik, Radomil Hradil
Gaiakultur
Der Weg zu einer Zivilisation der erwachten Herzen
Paperback, 174 Seiten, mit 30 Zeichnungen von M. Pogačnik
ISBN 978-3-89060-636-1

Für eine Zivilisation des Herzens

Dieses Buch ist als Dialog entstanden. Es ist das Gespräch zweier Menschen, die sich Gedanken darüber machen, wie unsere Zivilisation einen Weg aus der Sackgasse finden kann, in die sie geraten ist. Dass sie sich in einer Sackgasse befindet, wird immer deutlicher. Doch wie kann eine zukünftige Gesellschaft aussehen, damit sie sowohl den Menschen als auch den – ob sichtbaren oder unsichtbaren – Naturreichen gerecht wird, ebenso wie den geistigen Wesenheiten und den gerade nicht in der Materie verkörperten Menschen?

Der bekannte Autor und Geomantiepraktiker Marko Pogačnik hat mit seinen »Sieben Grundsteinen der neuen Ethik« und den »Neun Geboten der Göttin« versucht, die Grundlagen einer neuen Zivilisation zu beschreiben, die sowohl den Menschen als auch den – ob sichtbaren oder unsichtbaren – Naturreichen gerecht wird. Im Austausch mit dem Geomanten Radomil Hradil wird dieses Anliegen deutlich herausgearbeitet und uns nahegebracht.

Marko Pogačnik
Erdweisheit und Christuskraft
Das fünfte Evangelium als Schlüssel zur Erdwandlung
Broschur, 320 Seiten
ISBN 978-3-89060-780-1

Der kosmische Christus und die Erde

Diese Lehren sollen uns in dieser kritischen Zeit der menschlichen Entwicklung helfen. Historisch gesehen wurden die Weisheitsworte Jesu für den Aufbau einer irdischen Religion genutzt, und dabei ging viel von ihrem tieferen Sinn verloren.

Christus Macht und irdische Weisheit zeigt sich in der Entdeckung eines »Fünften Evangeliums« durch den Autor, das unsichtbar in die vier kanonischen Evangelien eingewoben ist. Es lehrt die Menschheit, wie sie im dritten Jahrtausend positiv leben kann. Der Autor hat mehr als einhundert Aussprüche Jesu in eine Sprache übersetzt, die dem modernen Verstand zugänglich ist, und er bringt das Wissen über die Elementarwesen, die Geowissenschaften und Christus zusammen. Er identifiziert Blockaden in den Evangelien, die den Geist Christi in der vergangenen Ära daran gehindert haben, sich zu manifestieren. Aber die Zeit ist jetzt reif, die vielschichtige Realität dieser Lehren zu verstehen.

Marko Pogačnik
Friedenswerkstatt
Die Friedensmatrix erneuern
Mit 13 Gaia Touch-Übungen

Peace Workshop
Renewing the Peace Matrix
With 13 Gaia Touch Exercises

Broschur, 64 Seiten
ISBN 978-3-89060-690-3

Kriege, Flüchtlinge, Klimakrise... Wir brauchen Frieden!
Wir alle können etwas für den Frieden tun, das zeigt Marko Pogačnik mit seinen Friedenswerkstätten und in diesem kleinen Buch mit 13 praktischen Übungen, die zur Erneuerung der Friedensmatrix führen.

Frieden ist nicht mehr selbstverständlich. Die Idee des Friedens wurde zu oft verstümmelt; man versucht heutzutage, Frieden sogar durch Kriege zu sichern. So geht es nicht weiter. Wir sollten bewusst an der Wandlung der alten Friedensidee arbeiten und die Grundlagen für eine neue Friedensmatrix legen.

Der Künstler und Geomant Marko Pogačnik hat 13 Ursachen identifiziert, die zu Konflikten führen, und dazu Übungen, Meditationen und Rituale entwickelt, durch die kreativ an der Erneuerung der Friedensmatrix gearbeitet werden kann.

Das Buch ist auf Deutsch und Englisch.

Marko Pogačnik
Venedig
Embryo des neuen Erdenraums
Schuber mit zwei Büchern,
Hardcover, 256 Seiten
(Text und Zeichnungen)
+ 178 Seiten (Fotos)
ISBN 978-3-89060-794-8

Begegnung mit der Erdseele

Venedig hat ein neues Geheimnis preisgegeben: Die Wasserstadt wurde an einem Ort gegründet, wo Gaia, die Erdseele, einen mehrdimensionalen Samen für die zukünftige Entwicklung der Erde, ihrer Welten und Evolutionen vorbereitet hält. Darin zeigt sich ein klarer Strahl der Hoffnung in dieser düsteren Zeit der globalen ökologischen Krise. Es gibt keinen Zweifel mehr, dass unsere gemeinsame Zukunft gesichert ist.

Das Buch führt uns zu den Orten, wo Spuren dieses Samens in der Stadtgestalt, ihren Kunstwerken und sakralen Gebäuden zu spüren und zu sehen sind.

Marko Pogačnik, Geomant und Erdheiler, von UNESCO als der Künstler für den Frieden ernannt, hat seit 1986 fünf Bücher zum Thema Venedig veröffentlicht und mehr als 80 Seminare am Ort durchgeführt.

Im Schuber finden sich zwei einander ergänzende Bücher. Eines enthält den Text mit 130 Zeichnungen des Autors, der zweite Fotographien von Bojan Brecelj, der Marko von Anfang an bei seinen Entdeckungsreisen in Venedig begleitet hat.

Die Erde spricht

Ana Pogačnik kann, nicht zuletzt aufgrund der Zusammenarbeit mit ihrem Vater Marko, einen innigen medialen Kontakt zu der Landschaft aufbauen, in der sie sich aufhält. Über die Jahre hat sie viele Orte bereist, und wenn sie sich auf sie einstimmt, dann vernimmt sie ihre Botschaft. In 44 »Briefen« sprechen diese Landschaften zu uns Menschen. Es sind intensive Botschaften, auf die wir uns einlassen, die wir in uns nachhallen und lebendig werden lassen müssen.

Sie öffnen uns für eine neue Dimension der geomantischen Arbeit und für ein gewandeltes Verhältnis zur Erde als einem bewussten und beseelten Wesen.

Ana Pogačnik
Die Erde liebt uns
Wenn die Landschaften sprechen:
Briefe an uns Menschen
Paperback, 192 Seiten mit 44 Zeichnungen
ISBN 978-3-89060-608-8

Briefe an uns Menschen

Ana Pogacnik kann einen innigen medialen Kontakt zu der Landschaft aufbauen, in der sie sich aufhält. Über die Jahre hat sie viele Orte bereist, und wenn sie sich auf sie einstimmt, vernimmt sie ihre Botschaft. Auf dieser CD spricht sie neun der 44 »Briefe« aus ihrem gleichnamigen Buch. Dazwischen erklingen drei Klavierimprovisationen, die von Landschaften inspiriert wurden; und eine knapp 17-minütige geführte Meditation lässt uns unsere Vergangenheit in Geschichte umwandeln, so dass wir sie loslassen können.

Ana Pogacnik
Die Erde liebt uns
Neun Briefe von Landschaften, gesprochen von der Autorin, Klavierimprovisationen und eine geführte Meditation
CD, Laufzeit 69 Minuten, mit 8-seitigem Einleger
ISBN 978-3-89060-626-2

Die Lebensprozesse eines gesunden Planeten

Nur die eine Erde erklärt die planetarischen Lebenserhaltungssysteme in ihrer Ganzheit, bietet eine umfassende Gesamtdarstellung der globalen ökologischen Krise und zeigt die uns verbleibenden Optionen auf, um ein zuträgliches Klima und die noch vorhandene Artenvielfalt zu retten, die Verseuchung zu beenden und die Ökosphäre dieses Planeten zu heilen.

Fred Hageneder
Nur die eine Erde
Globaler Zusammenbruch oder globale Heilung – unsere Wahl
Klappenbroschur, 384 Seiten
ISBN 978-3-89060-796-2

Wie geht Klima-Heilung?

Es ist ein seltsamer Widerspruch: Eigentlich weiß jeder, wie dramatisch die globale Lage ist, aber unsere Reaktion auf diese alles Leben bedrohende Situation steht in keinem Verhältnis dazu. Wir tun so, als wäre das alles noch weit weg. So können wir Wut, Trauer und Schmerz ausweichen – und fahren blindlings gegen die Wand. Jack Adam Weber fordert uns auf, uns unserem Schmerz zu stellen, denn eben hier liegt die Quelle der Kraft, um den nötigen Wandel einzuleiten: in uns und damit in der Welt.

Jack Adam Weber
Klima-Heilung
Den Wandel einleiten: in uns und damit in der Welt
Klappenbroschur, 400 Seiten
ISBN 978-3-89060-789-1

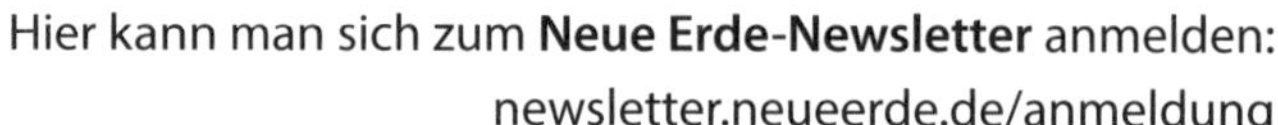

Hier kann man sich zum **Neue Erde-Newsletter** anmelden:
newsletter.neueerde.de/anmeldung

NEUE ERDE im Buchhandel

Neue Erde ist ein kleiner unabhängiger Verlag, und der unabhängige Buchhandel ist unser natürlicher Partner. Wir unterstützen die Initiative »buy local«.

Sollte es Lieferschwierigkeiten bei den Büchern von NEUE ERDE geben, lassen Sie immer im VLB (Verzeichnis lieferbarer Bücher) nachsehen, im Internet unter **www.buchhandel.de**

Alle lieferbaren Titel des Verlags sind für den Buchhandel verfügbar.

Sie finden unsere Bücher auch auf unserer Homepage **www.neue-erde.de** oder in unserem Gesamtverzeichnis, welches Sie gerne hier anfordern können:

NEUE ERDE GmbH
Cecilienstr. 29 · 66111 Saarbrücken
info@neue-erde.de